本书系国家社科基金重大项目“百年中国播音史”（项目批准号20&ZD326）阶段性成果

Boyin zhuchi

rencai peiyang moshi
yanjiu

播音主持
人才培养模式
研究

王文艳 / 著

CUCP 中国传媒大学出版社
·北京·

目录

CONTENTS

绪 论

第一节 研究缘起

我们身处信息社会。信息的生产、整合与传播不只左右着我们对世界的感知,也影响着我们对世界的判断。从互联网到移动终端,从以微博、微信为代表的社交媒体到以直播为代表的共享传播,社会关系在一次次的洗礼中被解构、无限放大,甚至被重构。新媒体(或曰融媒体)的出现更是一改传统媒体时代单一的信息收集、整理与传播的样式,传播不再受时间、空间的限制,这种强大的共时性与交互性使得人们关注官方媒体的方式也悄无声息地发生了改变。传媒环境、传媒格局、传播话语体系正面临着前所未有的巨变,这是"无边界"的传播全球化、媒介融合化和商业化的客观现实及发展趋势。播音员主持人作为整体传播链当中的重要环节,其人才培养也应顺应时代潮流、紧随媒介融合和多元话语激荡的趋势,及时调整结构、转型升级,谋求新突破。

播音与主持艺术专业是建立在新闻传播学、语言学及应用语言学、文学艺术、哲学美学四大学科群基础上的跨学科交叉专业，是集新闻传播属性、语言属性、艺术属性及哲学审美属性于一体的、中国仅有的、具有中国特色的专业，其学科任务是培养党和政府的喉舌、新闻传播最前线的尖兵。作为完整传播链条当中的最后一环，其人才培养就显得尤为重要、尤为特殊。

中国传媒大学播音主持艺术学院一直处于播音人才培养的领军地位，培养了众多优秀的毕业生，有许多被称为“国嘴”“国脸”，在引导舆论、传播主流价值观、推动传媒创新以及深化口语传播理论与实践等方面发挥着重要作用。当下，如何在继承优良传统的前提下不断改革创新，以适应时代发展提出的新挑战，继续发挥舆论引领的示范作用，是一个值得深思的迫切问题。播音主持人才培养的政、产、教、学、研、用都应该想在前面、走在前面。本书以中国传媒大学播音主持艺术学院为例，研究播音主持人才的培养模式有以下依据和意义：

一、媒体格局转变助推播音主持人才培养研究

“迈入21世纪，人类面临着世界范围内社会政治、经济、文化的变革，面临着以互联网媒体为代表的新的传播媒介对人类交往方式的变革性冲击。”①随着新技术的不断更新和发展，各类移动智能终端及App大范围普及，大数据广泛应用，随时随地传播已经成为现实。且不说在新闻事件发生时，微信、微博传播往往先于传统的广播、电视，传播渠道之广、手段之新颖也超出人们的想象。许多媒体工作者已经习惯运用手机来完成视频制作、直播连线等工作。新媒体技术已经成

① 雷跃捷，金梦玉. 传媒高等教育论：21世纪中国新闻传播人才培养模式与教学改革研究［M］. 开封：河南大学出版社，2002：35.

为支撑节目完成的不可或缺的部分。新的信息传播方式告诉我们，传媒环境已经发生了极大的变化。不同领域的专家学者对目前的媒体状态进行了解读，有人认为新媒体正在逐渐吞噬传统媒体，也有人认为传统媒体和新媒体将在互相借鉴和融合中齐头并进。

在2017年的"两会"上，我们见识了更多新的传播手段、沟通方式。传播中多通道、多渠道资源的获取，多样化的表现手法，倒逼播音员主持人除了机敏的头脑、良好的表达能力之外，还要有手脑心口同用、熟练使用新技术、懂传播、善传播等基本素质。全媒体时代对于播音员主持人也提出了更多新的要求。作为与业界发展联系紧密的前沿研究课题，目前国内外对于媒介融合的定义呈现出多样化的视角，专家学者、新闻从业人员均从各自的研究和实践角度，对这一定义进行了界定或解释。伴随着传播手段的不断改进和文化体制改革的深入，我国媒介产业的融合已经悄然展开。媒介融合趋势下对新型传播人才需求的变化必然促使播音与主持艺术教育进行相应的改革。在新的作业流程下，高校播音主持人才的教育如何顺应媒体行业的发展，这是一个不可回避的重要课题。

长期以来，播音与主持艺术专业的教学是以广播、电视媒介中的某单一媒体为基础进行的，面对新的媒体时代，基于传统行业分工和经营方式而构建的教育体系已难以适应媒介融合时代的发展需要。因此，目前播音与主持艺术专业的教学理念、教学方法必须及时作出调整。随着媒介的融合，播音与主持艺术专业的学生不仅要具备较强的语音发声和表达能力、新闻播报能力，还需要掌握策划、采访、写作、编辑、灯光、摄影、数字合成、计算机操作等技能，拥有深厚的学养以及创新意识。目前许多学校的播音与主持艺术专业教育，无论是培养目标、教学内容还是课程体系，都缺乏相应、及时的变化和更新。然而在媒介融合背景下，媒介的差异正在逐渐被打破，播音主持人才的培养必须紧跟媒介市场发展的变化，因此播音与主持艺术专业教学必须在理念上进行适时的革新。当下复合型人才的培养必须以“宽口径、高素质、厚基础、强能力”为新的培养目标，使学生具备较高的政治素养、新闻素养、人文素养和技术素养。一个合格的播音员主持人应具有高度的政治敏感和社会责任感，能够从政治、经济和文化等方面深入了解社会对媒介以及媒介对社会的作用和影响，能够熟悉各种媒介的生产方式和营销方式，善于以反思和批判的精神透过司空见惯的日常现象发现问题，并归纳总结出其发生、发展的深层原因。同时，一个合格的播音员主持人还必须具备基本的技术素养，能灵活地操作和运用各种媒介技术。

播音与主持艺术专业的人才培养面临着新挑战，如教学资源配置、培养观念更新、教学体系和教学内容改革等。为了满足全媒体形势下传媒事业迅速发展的需求，播音与主持艺术专业在人才培养方面必须做出新的调整，树立全新的媒体观念和人文化、个性化的培养模式，完善教学体系、更新教学内容，这些将成为该专业发展的迫切需求。中国传媒大学播音主持艺术学院作为播音主持人才的重要培养基地，培养模式、教学体系也随着社会的发展而变化，全媒体时代的到来给人才培养带来了哪些机遇和挑战？高校又该怎样应对？本书将以中国传媒大学播音主持艺术学院的人才培养模式作为案例进行分析，进而对整体播音主持人才培养模式进行探索。

二、梳理历史，以史为鉴

中国传媒大学（原北京广播学院）是最早开办播音与主持艺术专

业的院校，是全国播音主持院校的领军者，培养了一批又一批优秀的播音员主持人。

（一）最早开办播音教学，历史经验值得总结

中国传媒大学播音主持艺术学院（原北京广播学院播音系，以下简称“播音主持艺术学院”）作为最早培养播音员主持人的摇篮，从1963年正式招收三年制中文播音专业专修生，至今已有五十多年的历史，悠久的办学历史使中国传媒大学播音主持艺术学院领先于其他播音院校。改革开放以来，播音主持艺术学院已向全国各地各级广播电视机构和其他传媒机构输送各类毕业生数千人，康辉、海霞等一大批毕业生现已成为中央及省级电视台、广播电台的业务骨干，其中许多人成为具有一定社会影响力的优秀播音员和节目主持人。他们在传达党的方针政策、弘扬社会主义核心价值观方面发挥着重要作用，是老百姓耳熟能详、被称为“国嘴”“国脸”、有着巨大影响力的一群人。中国传媒大学播音主持艺术学院悠久的人才培养历史、丰富的人才培养经验值得被梳理和总结。

（二）紧随时代发展，不断改革创新播音主持人才培养模式

中国传媒大学是教育部直属的信息传播领域行业特色大学、国家“世界一流学科建设高校”、国家“211 工程”重点建设高校、国家“911 工程优势学科创新平台”建设高校，播音主持艺术学院是我国培养播音主持艺术精英人才的重要基地。独树一帜的播音主持艺术学，为科研与实践提供了坚实的学科支撑和理论指引，在此基础上，经过几代教育工作者的不懈努力，学院形成了一套特色鲜明、行之有效的教学模式，积累了人才培养的宝贵经验。

进入新时期，尤其自2007年以来，随着网络的发展、新媒体的兴起，播音主持艺术学院坚持贯彻党的教育方针，与时俱进地完善自己的教育教学理念，坚持以全球化的视野和国际化的发展定位，创新自己的教育模式、优化人才培养战略，并进行了一系列有益的尝试与探索。比如在深化教改方面进行"一部三系"的新教学体系建设，编纂与出版新的教材，对新闻播音人才、体育播音人才进行特殊培养，探索校台合作人才培养模式，将全国重点提案纳入大学生"辩与论"公开课，培养学生参政议政能力，提升大学生政治素养，开办新闻基本功大赛，提升学生播报能力、新闻说与评能力、辩意识音能力等，这些新的探索与尝试更应该被研究与分析、记录与分享。

（三）对老教师进行"抢救性"采访总结，多维度了解播音主持人才培养模式

中国传媒大学播音主持艺术学院的发展历程及取得的优异成绩与出色的播音主持教学团队是分不开的，与一代又一代的优秀传统的传承是分不开的。对教学老师进行采访，尤其是对退休老教师进行"抢救性"采访，比如为播音发声学做出杰出贡献的徐恒老师，已经退休的陈京生老师、王璐老师等，对既有学校任职经历又在国家语委任职的姚喜双老师进行深度访谈，让我们得以用多维度视角了解播音主持人才培养。为播音主持艺术学院做出贡献的老教师们的看法、观点是播音主持教学领域的"非物质文化遗产"，因此回顾历史、总结经验是十分必要的，可以为播音主持人才培养的未来发展提供支持。

三、丰富播音主持人才培养理论体系

在资料准备阶段，笔者以"播音主持人才培养"为关键词进行了相

关的文献搜索,但现实情况不容乐观,尤其是与其他类型的人才培养如“营销人才培养”研究相比,存在较大差距,这反映出关于播音主持人才培养的研究还有较大的上升空间。从另一个角度来说,关于“播音主持人才培养”的研究具有重要的意义,可以丰富播音主持人才培养理论体系。

据不完全统计,目前全国开设播音主持类专业的院校达到了600所。在中国的播音主持院校中,中国传媒大学是办学最早、影响力最大的。

学校培养了如康辉等一大批优秀的播音员主持人。除了优秀毕业生人数众多之外,中国传媒大学在播音主持人才培养方面也是众多开设有播音与主持艺术专业院校学习的榜样,如成功举办十几届“齐越朗诵艺术节暨全国大学生朗诵大会”,为传承传统文化、推广朗诵艺术做出了巨大贡献;将全国政协重点提案引进课堂,搭建口语传播“辩与论”公开课实践平台,打通学生参政议政的渠道,培养接地气、有担当的新闻人才;成功进行“一部三系”的新教学体系建设,深化教学改革——构建包括播音主持创作基础部、新闻播音主持系、综艺主持系、口语传播系等“一部三系”的新教学体系,使人才培养更加符合新时期的要求;进行播音主持细分领域的人才培养实验,以满足各种媒体形态对播音主持垂直领域人才的需求。

作为播音主持人才培养的领军者,中国传媒大学播音主持艺术学院在播音主持人才培养方面是有着卓越贡献的。然而目前专门以中国传媒大学播音主持艺术学院人才培养模式为研究对象的相关研究少之又少,本书便以其为研究对象,以期对播音主持艺术专业未来的发展提供一定的参考,丰富播音主持人才培养理论体系。

四、播音主持教学实践的需要

目前新媒体如雨后春笋般蓬勃发展,大量网络自制节目层出不穷。与传统媒体相比,新媒体平台轻松随意、自在包容、开放以及门槛低,加之实时互动的有效运用,其影响力与日俱增。

与此同时,传统媒体也在不断创新以立于不败之地,借助新媒体手段加强与受众的互动,如微信公众号、摇一摇、微博雷达、微博留言、手机直播互动等。

随着新技术的进步与发展,种类繁多的录音及配音软件、视频制作 App、手机直播 App 的普及程度大大提高。播音主持艺术学院不断地尝试将新技术运用在课堂上,如将课堂作业、外景报道等进行直播接受众多网友的检阅,组内同学根据关注热度进行比赛,老师在网络上点评作业。新技术使用课堂化、日常化,让学生在做课堂练习时就能熟练掌握并运用新技术,既增加了课堂的新鲜感,也增强了学生的工作适应能力。

在这样一个媒体融合的大背景下,对中国传媒大学播音主持艺术学院的播音主持人才培养模式进行研究,分析教学中的“变”与“不变”、创新与坚守,记录并探索如何在坚守播音与主持艺术专业传统教育优势的同时,不断吐故纳新,把握身份变化、语态变化,结合新技术革新教学手段等,这些都可以很好地为播音主持教学提供参考,并为下一步教学实践提供思路。

第二节 研究对象和目的

一、研究对象——播音主持人才培养模式

（一）人才培养模式的内涵与外延

1. 人才培养模式的内涵

人才培养模式是一个复杂的概念，不同的国别、时代对其内涵的理解不同，甚至同一主体对“人才培养模式”这一概念的认识也是在不断发展变化的。

文育林在1983年发表的文章《改革人才培养模式，按学科设置专业》中，对如何改革高等工程教育的人才培养模式提出了自己的见解：“我们认为，按工程技术学科设置专业，是高等工科院校尤其是重点高等工科院校人才培养的合理模式。”[①]这是高校范围内最早提出的“人才培养模式”概念。随后，陆续有一些高校和实践工作者讨论不同类型人才的培养模式，但都未明晰何谓“人才培养模式”，对其内涵的把握较为模糊。

刘明浚在1993年出版的《大学教育环境论要》中对这一概念做出明确界定，提出：“人才培养模式与办学模式不同，它是指在一定办学条件下，为实现一定的教育目标而构思的某种教育、教学式样。它通过课程体系、教育途径与教学方法、教育手段、教学组织形式等施教要

① 文育林.改革人才培养模式，按学科设置专业[J].高等教育研究，1983(2)：71-77.

素来体现。”①

教育部在1998年下发的文件《关于深化教学改革,培养适应21世纪需要的高质量人才的意见》中,首次对“人才培养模式”的内涵做出表述:“人才培养模式是学校为学生构建的知识、能力、素质结构,以及实现这种结构的方式,它从根本上规定了人才特征并集中地体现了教育思想和教育观念。”②

龚怡祖在《论大学人才培养模式》一书中提出:“模式是位于经验与理论之间、目标与实践之间的那种知识系统。培养模式是以某教育思想、教育理论为依托建立起来的既简约又完整的范型,可供学校教育工作者在人才培养活动中据以进行有序的实际操作,能够实现培养目标。它集中地体现了人才培养的合目的性、计划实施性、过程控制性、质量保障性等一整套方法论体系;是教育理论与教育实践得以发生联系和相互转化的桥梁与媒介。”③

“根据内涵定义中‘为实现培养目标而采取的培养过程的构造样式和运行方式’这一规定性,兼顾理论和实践两方面的情况,一般可包括专业设置模式、课程体系构造形态、培养途径与知识发展方式、教学运行机制、教学组织形式和淘汰模式。”④

在雷跃捷和金梦玉合著的《传媒高等教育论:21世纪中国新闻传播人才培养模式与教学改革研究》中,关于人才培养模式内涵有以下三层解释:

第一,人才培养模式指的是确立什么样的培养目标,具体来说,就

---

① 刘明浚.大学教育环境论要[M].北京:航空工业出版社,1993:10.

② 中华人民共和国教育部:关于印发《关于深化教学改革,培养适应21世纪需要的高质量人才的意见》等文件的通知[EB/OL].(1998-04-10)[2019-03-18].http://www.moe.gov.cn/srcsite/A08/s7056/199804/t19980410_162625.html

③ 龚怡祖.论大学人才培养模式[M].南京:江苏教育出版社,1999:16.

④ 龚怡祖.论大学人才培养模式[M].南京:江苏教育出版社,1999:11-12.

是高等学校为学生建构的知识、能力、素质结构，是包括知识、能力在内的素质系统的规定；

第二，人才培养模式指的是高校为实现这种素质系统所采取的培养教育方式；

第三，人才培养模式内含着要有与建构这种素质系统结构和培养教育方式相适应的教育思想和教育观念。①

潘懋元在《应用型人才培养的理论与实践》一书中，将人才培养模式的内涵概括为两个方面，即“培养什么样的人”和“如何培养人”，“‘培养什么样的人’涉及培养目标和培养规格两个要素，‘如何培养人’则包括培养内容、培养过程、培养途径、考核评价、保障措施等要素。”②

综上所述，本研究将“人才培养模式”定义为：“人才培养模式”是指在一定的现代教育理论、教育思想指导下，按照特定的培养目标和人才规格，以相对稳定的教学内容和课程体系，管理制度和评估方式，实施人才教育的过程的总和。

本书在具体论述中将按照“培养什么样的人”和“如何培养人”两个大方面进行分析研究，在“如何培养人”这一部分将分别从理论和实践方面进行阐述。

2. 人才培养模式的外延

对人才培养模式外延的理解大致可以分为三类。

狭义的外延范畴是指“过程与方式”，将人才培养模式、专业设置、课程体系、教学内容与方法、教学管理等方面并列，同属教学改革的范

① 雷跃捷，金梦玉．传媒高等教育论：21 世纪中国新闻传播人才培养模式与教学改革研究［M］．开封：河南大学出版社，2002：36.

② 潘懋元．应用型人才培养的理论与实践［M］．厦门：厦门大学出版社，2011：60.

畴之下，认为人才培养模式的构成要素仅包括“人才培养方向、统筹教学计划和培养过程”三个方面。

广义的人才培养模式则包括“目标、制度、过程与方式甚至更多要素”。这一类学者对于人才培养模式的构成要素则更多地倾向于“人才培养模式主要包含目标模式、培养方案、实施条件、环境建设等方面”。

越来越受到广大研究者认同的中观层次的人才培养模式构成要素则一般包括：专业设置、课程体系、教学方式、教育教学运行机制和非教学培养途径等。

（二）人才培养模式与教学规律、教学法的关系

1. 教学规律

“教学规律，就是指推动教学运动不断发展变化的诸因素之间的、内部的、本质的联系和发展的必然趋势。它们是教学过程中带着普遍性的、巩固性的、必然性的和经常起作用的东西。”[①]教学过程中的一系列联系具有不同的层次，比如教学与社会系统外部条件之间的联系，教学内部各要素、环节之间的联系，各教学因素、环节自身存在的联系等。各国学者对教学规律的认识和提法各异，概括起来具有以下四条规律：

（1）“教”与“学”相互依存、对立统一的规律

该规律是指“教”与“学”作为教学过程中的两个基本要素，它们之间相互联系、相互影响、相互制约，在对立统一中推动教学过程不断地向前发展。首先，“教”与“学”是相互依存的。教师的“教”是以学

① 王光宇. 教学规律与教学改革［M］. 北京：冶金工业出版社，1989：20.

生的“学”为存在条件的，“教”指导“学”，“教”是为了“学”；同时，学生的“学”又以教师的“教”为存在条件，“学”离不开“教”，“学”需要“教”。其次，“教”与“学”是对立统一的。教师教学的水平制约学生学习的质量和效率；学生学习的主动性、积极性的调动与发挥，反过来又会对教师的教学产生巨大的影响。因此，既要充分发挥教师的主导作用，又要充分发挥学生的主体作用。

(2)间接知识和直接知识相统一的规律

教学必须以间接知识为主，使间接知识和直接知识有机结合起来，让学生较为简便地获得较完全的知识，避免重复前人的错误，最有效地掌握知识。

(3)掌握知识与发展智力相统一的规律

在具体教学中，教师与学生一起参与、良性互动，使学生在智力、审美能力、劳动能力以及情感、意志、个性、心理、品质等方面都得到发展。学生掌握知识与发展智力、培养能力是辩证统一的，单纯注重知识的传授或只重视智力的发展都是片面的。

(4)知识教学与思想教育相统一的规律(教书育人律)

教书必然育人，育人又必须通过教书才能实现。教学过程客观存在着对学生思想方面的教育和影响，也就是说，在教师传授知识和学生学习、接受知识的同时，教师的思想品质、言谈举止无形中会对学生的思想感情、立场观点、意志性格、道德品质等方面产生一定的影响，使学生受到相应的品德和思想教育。因此，教师在教学过程中要做到既教书又育人，应严谨治学，为人师表。

2. 教学法

教学法是教学过程中教师与学生为实现教学目的和教学任务，在教学活动中所采取的行为方式的总称。常用的教学法有讲授法、讨论法、谈话法、读书指导法、演示法、参观法、实验法、陶冶法和探究法等。

针对外语、语言类专业的学习，殷勤在《现代外语教学法》一书中列举了一些教学法：语法翻译法、自然法、口语法、视听法、结构法、交际法和交流法等。

播音与主持艺术专业作为艺术类、语言类专业，在教学活动中要遵循教学规律并采用适合的教学方法，才能培养“德才兼备、声形俱佳”的播音员主持人。

一方面，在教学中，教师指引学生学习的方向，调动学生的积极性，选择适当的教学方法，并做好教学活动的相关安排；另一方面，学生是具有主观能动性的人，教师的教导过程不是直接实现的，必须发挥主观能动性，变“教的目的”为“学的需要”，变“要我学”为“我要学”，真正实现“教学相长”，发挥教师、学生“双主体”的作用。

3. 人才培养模式与教学规律、教学法的关系

从以上关于教学规律、教学法的论述中不难看出：教学规律是教学中应当遵循的客观规律，是制订教学计划、教学原则，选择和运用教学组织形式、教学方法的科学依据；教学法是在教学过程中根据教学目标和教学课程、任务，为了达到更好的教学效果具体使用的方法；人才培养模式是指在一定的现代教育理论、教育思想指导下，按照特定的培养目标和人才规格，以相对稳定的教学内容和课程体系、管理制度和评估方式，实施人才教育的过程的总和，并且是稳定的、相对模式化的。人才培养模式与教学规律、教学法三者之间是相互交融、相辅相成的关系。

人才培养模式的制定和形成需有教学规律贯穿其中，只有遵循教学规律的人才培养模式才能形成稳定的、可推广的模式。教学法是人才培养模式具体实施过程中不可或缺的组成部分，是衔接“教”与“学”的关

键点，恰当的教学法会使教学过程事半功倍，教师教得轻松，学生学得愉快。好的人才培养模式的形成一定离不开教学规律的指引和适当教学法的推进，而在人才培养模式的形成过程中，又有利于发现和认识教学规律，在遵循教学规律的前提下，积累具体人才培养的经验，同时验证和推广行之有效的教学法，让更多人受益。因此，认识并处理好人才培养模式与教学规律、教学法三者之间的关系至关重要。

二、研究目的——分析探讨播音主持人才培养规律

据不完全统计，目前全国开设有播音与主持艺术专业的院校有600多所，课程设置大同小异，一些学校甚至没有科班出身的专业老师，教学水平参差不齐。当前大部分高校播音主持教育在摸索中前进，人才培养模式有待更新和发展。尤其是在当下全媒体时代，学校如何才能培养出满足社会多样化需求的播音员主持人，“培养什么样的人”“如何培养人”显得至关重要。

通过对播音主持人才培养模式的研究，尤其是以中国传媒大学播音主持艺术学院为例，总结经验，提出尚未解决的问题，分析探讨通常情况下的播音主持人才培养规律，可以在更大范围内为播音主持人才培养提供理论借鉴和支持。

第三节 研究思路和方法

一、研究思路

本书从“培养什么样的人”“如何培养人”两个方面探析中国传媒

大学播音主持艺术学院的人才培养模式。

播音主持人才在新闻传播过程中起到了重要的作用，播音主持人才的培养也关系着未来媒体传播的质量和效果。随着改革开放的进一步深入，媒体也发生了巨大的转变，从之前的广播、电视等有限范围的传播到如今几乎无所不在的网络传播，身处巨变的时代，我国不同院校播音主持人才的培养也呈现出多元化的趋势。在这样的形势下，分析播音主持人才培养的领军院校中国传媒大学播音主持艺术学院的人才培养模式，探究不同阶段人才培养的特点，分析媒体环境发展对人才培养的影响，有助于在新时期树立正确的播音主持人才培养方向，同时也有助于推广和分享成功的人才培养经验。

研究的总体思路是：从语言传播教育的角度，结合媒体发展现状，从“培养什么样的人”“如何培养人”两个方面分析中国传媒大学播音主持艺术学院的人才培养模式。以播音与主持艺术专业教育中人才培养的目标和规格、专业课程的设置、培养的方式方法，以及学生、教师、社会对该阶段教学的反馈为切入点，收集文献资料，认真研究播音主持艺术学院50余年教育教学经历所留下的大量史料，翻阅国内外的教育学、语言学、心理学、新闻传播学、社会学等专著，并进行充分的实地调研与访谈，理清播音主持人才培养模式的形成、发展和变迁的基本思路，总结中国传媒大学播音主持人才培养的成功经验，找出当代播音主持人才培养过程中尚未解决的关键问题。通过对历史和现状进行质化和量化的研究，探讨播音主持人才培养的影响因素，为培养优秀的播音主持人才提供参考和有力的支持。

二、研究方法

(一)资料的搜集

本研究在前期的资料搜集方面,运用调查法,制作出调查问卷,对用人单位、毕业生及教师进行问卷调查,并得出数据,保证数据的可靠性;运用观察法、文献法、分析法对播音主持艺术学院50多年来的文字文献及视频资料进行收集整理,从中理出头绪,找出规律;搜集教育学、新闻传播学等相关学科资料,对已有研究成果进行归纳总结;运用访谈法,对多位校友及教师进行面对面访谈,了解他们的真实想法和看法,得到第一手资料。

(二)研究方法的使用

1. 文献研究法

通过翻阅国内外相关文献资料,对播音主持人才培养模式研究所涉及的相关学科,如教育学、传播学、播音主持艺术学等学科的既有理论成果进行梳理后,形成了本书的框架结构,并以此为参照系来看中国传媒大学播音主持艺术学院的人才培养模式的演变历程。在此过程中,运用抽象、概括、归纳、演绎等方法,进行总结和提炼。

2. 比较研究法

比较研究法在人才培养模式研究中被普遍使用,在本研究当中也具有很强的适用性。本书主要从以下几个方面展开对比研究:第一,不同历史时期的人才培养模式的比较。在历史发展的进程中,对比不同时期播音主持人才培养的目标和规格、课程设置、培养的方式方法、练习材料、教育手段等，通过对比概括出其中的相关性要素。第二，不同时期媒体（广播、电视、网络媒体等）的发展状况对于人才培养的影响。第三，不同时期学生就业取向的比较。对比不同时期学生就业取向的变化，分析影响因素，总结规律，找出人才培养模式的影响要素。

3. 案例研究法

中国传媒大学播音与主持艺术专业诞生50多年来，培养了众多的新闻与播音主持专业人才。实践证明，中国传媒大学播音主持艺术学院的毕业生政治立场坚定、专业素养过硬。在半个多世纪的教学中，播音主持艺术学院积累了大量播音主持人才培养的典型案例，可以作为播音主持人才培养的重要参考范本。

4. 质化研究法

质化研究是确定事物本质属性的科学研究，质化研究法是科学研究的基本方法之一。研究者运用历史回顾、文献分析、观察、调查访问、参与体验等方法获得处于自然情景中的资料，并用非量化的手段对其进行分析，获得研究结论。在播音主持人才培养模式的研究中，从资料搜集到调查分析，质化研究法贯穿始终。

5. 量化研究方法

虽然人才培养模式包含的内容非常复杂，但其实也具有一定的可以测量的指标，比如，在进行样本的抽取、对比、调查等过程中，可以采集一定的数据进行量化分析，作为质化研究的有力辅助。

第四节 研究的创新点、重点与难点

一、研究的创新点——角度、数据、维度

(一)角度的创新

关于播音主持人才培养的文章在中国知网上大约有700篇,如《新时期的播音与主持专业人才的培养策略》《高校播音与主持艺术专业人才培养策略分析》《新媒体时代高校播音与主持艺术专业人才培养模式创新研究》《播音与主持艺术专业人才培养模式浅探:以广东高校为例》《创设播音主持复合型人才培养模式初探》《试论播音与主持专业复合型人才的培养路径》《浅谈播音与主持艺术专业复合型人才的培养路径》等。截至目前,还没有专门以中国传媒大学播音主持艺术学院人才培养模式为研究对象的相关研究。对这样一个中国最早的、影响力最大的播音主持学院进行研究,具有代表性和时代意义。

(二)极其珍贵的量化数据统计

为了进行研究,我们选取了播音主持艺术学院不同时期的11个班级:1963级大专班、1979级本科班、1986级本科班、1991级本科班、1995级干专班、1996级本科班、2001级本科班、2006级本科班、2012级本科班,以及2014级、2015级硕士研究生班,对以上班级的学生进行问卷调查和资料搜集,针对他们的最初就业意向、实际工作领域、对新媒体前景的看法、身边人及自身工作稳定度、对一些资深媒体人离

职现象的看法、从学校教育中获得的最大工作优势、自身存在的业务缺陷等问题进行数据搜集和整理比对,获得了一手资料。

他们作为不同时代的毕业生,具有比较典型的代表性。1963 级为“文革”前的毕业生,作为北京广播学院播音专业创建伊始的第一批大学层次的毕业生,他们的就业意向代表了早期播音与主持艺术专业人才的想法;1979 级本科班是恢复高考后的毕业生;1986 级本科班作为 20 世纪 80—90 年代中间的一级,在见证播音与主持艺术专业探索前进尤其是理论的发展、完善方面有其重要性;1991 级本科班、1995 级干专班、1996 级本科班,这三个班级的毕业生正是岗位上的中坚力量,更为巧合的是,1995 级干专班、1996 级本科班的学生在读期间赶上了播音系升格为播音主持艺术学院,所以他们更直接地感受到了其间发生的变化;2001 级是新千年伊始的第一届学生,他们毕业就业时刚好赶上四大门户网站蓬勃发展的时机;2006 级毕业时已是 2010 年,他们正是伴随着网络媒体发展起来的一届;2012 级本科班和 2014 级、2015 级硕士研究生班的学生,他们正赶上传媒生态裂变重构的新时期,面临着更加复杂的就业形势。

除此之外,随着研究的深入,采访对象的数量也在不断增加,既有专门针对用人单位、学生、知名校友的采访,也有对现任教师和退休教师的采访,便于我们多角度了解播音主持人才培养。

搜集、整理、研究 50 多年来播音与主持艺术专业在对青年学生进行教育的过程中留存的大量音视频资料,有助于我们从中发掘播音主持人才培养的规律、方法、路径乃至机制。

(三)纵向、横向两个维度进行对比分析

本书在研究过程中,一方面,以时间为纵轴,划分不同时间阶

段,分析不同阶段播音主持人才培养的发展变化——不同的年代,不同的社会环境,比如20世纪70年代、80年代、90年代以及21世纪初等不同阶段播音主持人才培养的目标、规格、方式、方法也会有所不同;不同阶段的媒体发展状况也会对人才培养带来影响,如从"文革"结束初期仅有的广播报纸宣传时期、广播大发展时期、电视大发展时期到现在的全媒体时代,媒介的发展变化对人才培养有哪些影响。

另一方面,在同一阶段的横断面上,分析对比不同因素对播音主持人才培养模式的影响,如某一阶段的政治经济大背景、业界影响、教育领域对人才培养的方针政策的影响。

二、研究的重点——2007—2017年人才培养模式

本书研究的主体是中国传媒大学播音主持艺术学院的人才培养模式,因此研究的范本锁定在中国传媒大学播音主持艺术学院。中国传媒大学播音主持艺术学院的人才培养模式是在不断摸索实践中逐渐形成的,每一个发展阶段都有其重要的意义。在对不同阶段的人才培养模式进行梳理后,本书重点对2007—2017年中国传媒大学播音主持艺术学院多维、丰富、立体的人才培养模式进行分析,并以此阶段的人才培养模式为基点,纵向对比分析之前的人才培养模式,横向从"培养什么人"——人才培养的目标、规格,"怎么培养人"——人才培养的理论和实践这两个大方面进行分析研究。

在研究过程中,具体将从"培养什么人"和"怎么培养人"这两个大方面切入,将不同阶段中国传媒大学播音主持艺术学院人才培养的目标和规格、专业课程的设置、培养的方式方法以及学生、教师、用人

单位对该阶段教学的反馈作为主要研究内容，分析、探究播音主持人才培养模式。

三、研究的难点

（一）相关研究较少

目前对播音主持人才培养进行研究的论著主要有鲁景超主编的《用声音传播：人民广播播音70年回顾与展望》《电视口语传播理论和实践：校台合作人才培养模式启示录》，吴郁、曾志华主编的《播音主持专业人才培养研究》等。关于播音主持人才培养的文章大约有700篇，如鲁景超《关于播音主持人才培养模式的思考：写给“纪念人民广播播音70年”》、安琪《新时期的播音与主持专业人才的培养策略》、张永洁《高校播音主持艺术专业人才培养策略分析》、林谦《我国高校播音主持专业人才培养模式研究》等。然而，在中国知网数据库以“营销人才培养”为主题，可检索到2122篇相关论文，由此可以看出，虽然对播音主持人才培养模式的关注度在逐渐上升，但和其他学科人才培养模式相比，还有一定的距离。本书选择对中国传媒大学的播音主持人才培养模式进行研究，在理论基础上有人才培养研究的先例可以借鉴，在研究目标的选择上，中国传媒大学播音主持艺术学院的人才培养模式具有较高的研究价值。难点在于之前虽有先例可以借鉴，但为数不多。

（二）资料搜集、调查采访工作量较大

中国传媒大学播音主持艺术学院从1963年播音专业招生伊始至今，50多年间积累了大量的音视频资料，本研究需要从众多历史资料

中找出与人才培养相关的文件资料,并加以整理、分析,工作量不小。另外,由于时间久远,早期的资料有些分散在老教师的手中,甚至已经遗失,搜寻起来难度较大。

为了保证数据、资料的真实、可信,比如针对学生、社会、用人单位、教师对教学的反馈,研究采取了问卷调查和访谈的方式,因此需要整理的问卷数据多,需要采访的人员较多,无形中增加了许多工作量。

第五节 文献综述

中国播音学是一个多学科、多层次的新兴交叉学科,涉及新闻传播学、语言学、文学、艺术学、社会心理学、哲学、美学等多学科。人才培养所涉及的领域也较广泛,如教育学、社会学、心理学等,以下从“人才培养”“播音主持”角度对相关文献进行梳理。

一、人才培养模式的历史研究及现状

(一)“人才培养模式”概念的提出

“模式”一词由“模型”演变而来。“模式”中的“模”为规范、标准,“式”指样式、形式。将“模”和“式”的含义结合起来,“模式”的基本含义便是:“某种事物的标准形式或使人可以照着做的标准样式。”①

早在1972年,美国师范教育专家乔伊斯和韦尔就对教学模式问

① 中国社会科学院语言研究所词典编辑室. 现代汉语词典:第7版[M]. 北京:商务印书馆,1996:919.

题进行了开创性研究，并将他们的一部教育论著命名为《教学模式》。20世纪80年代，这两位专家对《教学模式》一书的内容进行了修改和扩充，再版发行后被翻译成多种语言，在世界上产生了广泛的影响。“在实践中，人们感觉到‘教学模式’这一概念不足以概括人才培养活动的全过程、全要素，而‘教育模式’这一概念又显得外延过大，于是就有了‘人才培养模式’的概念。可以说‘人才培养模式’这一概念，既是对‘教学模式’的拓展，又是对‘教育模式’的收缩。”①我国高校领域最早提出“人才培养模式”这一概念的，是文育林在1983年发表的《改革人才培养模式，按学科设置专业》一文。1993年，刘明浚在《大学教育环境论要》一书中对“人才培养模式”的概念做出明确界定，提出：“人才培养模式与办学模式不同，它是指在一定办学条件下，为实现一定的教育目标而构思的某种教育、教学式样。它通过课程体系、教育途径与教学方法、教育手段、教学组织形式等施教要素来体现。”②教育部在1998年下发的文件《关于深化教学改革，培养适应21世纪需要的高质量人才的意见》中，第一次对“人才培养模式”的内涵做出表述：“人才培养模式是学校为学生构建的知识、能力、素质结构，以及实现这种结构的方式，它从根本上规定了人才特征并集中地体现了教育思想和教育观念。”③这也是关于“人才培养模式”的官方阐述，之后周远清、钟秉林、龚怡祖、刘红梅、张晓松等学者对“人才培养模式”也提出过自己的见解和解释。虽然不同的专家学者界定的角度不同，表述不同，但对于人才培养模式的内涵认识基本一致，即人才培养模式的

---

① 魏所康. 培养模式论[M]. 南京：东南大学出版社，2004：21-22.

② 刘明浚. 大学教育环境论要[M]. 北京：航空工业出版社，1993：10.

③ 中华人民共和国教育部：关于印发《关于深化教学改革，培养适应21世纪需要的高质量人才的意见》等文件的通知[EB/OL].（1998-04-10）[2019-03-18]. http://www.moe.gov.cn/srcsite/A08/s7056/199804/t19980410_162625.html.

内涵包括两个方面:“培养什么样的人”和“如何培养人”。

(二)人才培养模式的研究状况

本书从人才培养模式的分类、人才培养模式的创新以及教育学、心理学的角度对人才培养模式的研究现状进行梳理。

1. 人才培养模式的分类

目前关于人才培养模式的研究还是比较丰富的,在中国知网检索“人才培养模式”主题,相关图书数目达到了3454条,而对应的相关期刊文章数目更是达到了7.32万条。研究内容所涉领域也非常广泛,比如工商管理、企业管理、高端商务、会展经济与管理、物流管理、电气自动化、数字媒体艺术、音乐、动漫、旅游、汉语国际教育、养老服务、生物制药、农林、烹饪、职业教育等,如李烁的《高校声乐人才培养模式问题研究》,张晗的《工商管理人才培养模式的比较分析》,龙苏兰、刘霞、左婷婷的《本科护理人才培养模式改革与实践》,李国红的《烹饪特色专业人才培养模式探讨》,王建云、王丽娜的《养老服务人才培养模式构建及对策》,王晓婷、刘丹的《高职动漫专业“工作室制”人才培养模式研究》,涂逸娟的《艺术设计类人才培养模式改革初探》,孙霞的《生物制药技术专业人才培养模式的改革与实践》,白志青、李言武的《电气自动化技术人才培养模式的研究与探讨》等,几乎每一个学科领域都有相应的人才培养模式的研究。

(1)按照教育目的来划分

“教育目的”本身是一个复杂的、多层次的概念,也是历来教育哲学中争论最大的问题,争论的焦点主要集中在“培养什么人”这一基本问题上。“培养什么人”这一问题包含两个方面的含义:一是从培养对象来说,培养什么样的人更有价值;二是培养出具有什么作用的人或者对谁起作用的人,即培养成什么样的人更有价值。

如果按照"培养什么样的人更有价值"的角度来划分,可以分为"英才模式"和"大众模式"。"英才模式"强调教育分层功能,认为应该注重人才尤其是"尖子"人才、出类拔萃的"英才"的培养,而大多数人则只需接受必要的教育,能够成为素质良好的国民即可;"大众模式"则强调教育公平和普及,不实行分班分流,对所有学生一视同仁,促进社会公平。关于"英才模式"和"大众模式"研究的文章很多,如徐军霞的《英才施教模式下学生发展的途径探究》,钟道伟、盛大泉、罗晶晶、屈波的《我们的"英才模式"》,王庆军的《"英才模式"带给我们的启示》,冯珊、秦入结、王华、汲广全、李爱民的《青年英才基金资助实施的阶段性成效评估》,严益辉的《英才施教领域下学生发展的途径探究》等,王希、范以锦的《创新报业发展模式:区域聚合发展——浅析"大众模式"》,张海辉的《大众模式与高校德育的有效性》,陈代波的《我国高等教育大众化阶段的本科人才培养模式》等。

而按照"培养成什么样的人更有价值"来划分,又可分为"传承模式"与"创新模式"。我国比较注重知识和规范的传承,从"古之学者必有师。师者,所以传道授业解惑也""教,上所施,下所效也;育,养子使作善也"这些古训中可以看出古人对传承的重视。随着时代的发展,人们开始注重创新人才培养的实践探索,认为做学问不是继承文化传统,而应该把学问当作问题进行研究。

"传承模式"与"创新模式"又可称为"为知识传承而教"的模式和"为知识创新而教"的模式。关于此类的研究文章有查青林、刘红宁、吕爱平、周晓华、林色奇的《"互联网+"时代背景下的中医现代传承模式》,于天任的《从中医传承模式思考当代中医教育》,朱芳的《红色经典歌曲在高校传承的创新模式研究》,杨梦辉的《我国家族企业传承模式的研究》，高会军、朱波涌、马明坤的《边区学校民族传统体育有效传承模式研究：以湖南罗溪瑶族乡中学射弩基地为个案》等。

(2)按照教育内容来分

不同的国家或许会有不同的世界观、价值观，各国的授课内容肯定有所不同，但关注点大都会集中在“什么样的知识最有价值”和“怎样组织和提供知识”这两个方面。

从“什么样的知识更有价值”的角度而言有“学术定向模式”和“职业定向模式”两种类型。潘懋元在《应用型人才培养的理论与实践》一书中将我国高校的人才培养模式分为三种类型，即以通识教育为主的学术型人才培养模式、通识教育与专业教育相结合的应用型人才培养模式、以专业教育为主的技能型人才培养模式。关于“学术定向模式”的文章如阎光才的《从成长规律看拔尖创新型学术人才培养》，姚期智的《创新型学术人才培养的改革与实践》，颜春光的《浅谈高校学术人才的成长与培养》，喻明新、刘永昌、隆平的《浅议跨世纪学术人才的成长道路》等，着重分析学术人才的成长特点、发展规律，如何制定有针对性的培养目标和对策等以提高学术人才质量。关于“职业定向模式”的研究就更加丰富了，从各种职业培训的热门和普及程度就可见一斑，此类文章如戴晓娟的《信息与计算科学专业职业培养模式的思考》，孙德荣的《高等职业教育人才培养模式探析》，沈建军的《旅行社从业人员的职业培养模式研究》，马锐的《餐饮职业经理人培养模式研究》，李果的《德国应用技术类高等职业培养模式研究》，沈利剑的《职业教育中应用型本科人才培养模式研究》，陈德清、刘安华、高仁泽的《高等职业教育人才培养模式的构建与实践》，高静的《探析国外职业教育人才培养模式》等，大多注重不同职业人才培养的教育背景、发展现状、所存在的问题，以及如何更好地发展该方向的职业教育。

从“怎样组织和提供知识”这个方面来说，又可以分为“刚性模式”和“弹性模式”，对这两种模式的研究也是较为广泛的，如王茂莉的《高职院校弹性人才培养模式的实践与探索》，毛德华的《刚性与弹性相结合的土地资源管理人才培养模式研究》，王润典的《军校学员管理中的“刚性”与“柔性”》，刘鸿雁的《浅析弹性考核模式在职业教育人才培养中的作用》，郑湘湘的《高职教育的弹性学制培养模式》，程昌华的《交通行业硕士研究生弹性培养模式的研究》，汪霞的《高校本科行政管理专业弹性式“4+2”人才培养模式》等，大多集中于刚性、弹性培养相结合的研究，通过分析人才培养中出现的不足和问题，提出弹性学制下专业人才培养的策略，找出适应我国教育及该专业人才培养的创新途径。

(3)按照学习活动的主体来分类

按照“学习活动的主体是谁”来划分，可分为“师本模式”与“生本模式”。在教学活动当中不仅有学生的“学”，还有教师的“教”，所谓教学相长，“教”与“学”作为教学过程的两个最基本要素，二者之间相互联系、相互影响、相互制约，在对立统一的矛盾运动中推动教学过程不断向前发展，共同完成学习活动。

关于“学习活动中谁为主体”研究的文章如王芳的《“生本”教学模式在音乐课堂中的有效运用》，王晓斌的《无为而为：生本模式下的教师作为》，张理英的《“师本教研”：新课程背景下教研模式的转化》，于明业的《构建“生本”教师教育模式的探索》，杨明富的《生本教育理念下初中生物教学的探索和实践》，张乃松的《论教师培训的师本理念及其路径设计》，张进才的《由“师本”走向“生本”：沁阳一中课堂教学改革初探》，宋雪莲的《以“教”的创造性引爆“学”的创造性：“自学·

议论·引导"的教学的师本探索》等,基本是探索如何最大限度地发挥教师的作用,同时提升学生的学习积极主动性,提出针对各自情况的建议和意见。其实"教"与"学"是相互依存的。教师的"教"是以学生的"学"为存在条件的,"教"指导"学","教"是为了"学";反之,学生的"学"又以教师的"教"为存在条件,"学"离不开"教","学"需要"教"。在学习活动中,"教"与"学"又是对立统一的。教师"教"的水平影响学生学习的质量和效率,而学生学习主动性、积极性的调动与发挥,反过来又会给教师的"教"带来巨大的影响。因此,在学习活动中,既要充分发挥教师的主导作用,又要充分调动学生的主体作用。

2. 人才培养模式的创新

"近年来,教育部适应经济社会发展需要,深化教育综合改革,创新体制机制,提高人才培养水平,切实加强教师队伍建设,教育人才工作取得新的进展。"[①]在整个工作推进过程中,创新是人才培养体制改革的核心环节,对此,不少专家学者都提出了自己的看法和见解。

潘懋元在《应用型人才培养的理论与实践》一书中提到,培养应用型创新人才是应用型大学的重要职责,要始终把培养高素质创新人才作为根本任务,学校培养创新型应用人才主要依靠课程的优化设计和教学内容、方法的更新。

魏所康在《培养模式论:学生创新精神培养与人才培养模式改革》一书中提出,教育是培养人才和增强民族创新能力的基础。面对日益激烈的竞争,必须面向现代化、面向世界、面向未来,大力推进教育创新,改革和完善人才培养模式,实现人才培养模式的重大战略调整和转型。我国的人才培养模式应该从注重传承转向注重创新,从刚性单

① 教育部党组.创新人才培养模式[N].光明日报,2016-05-07(6).

一转向弹性多元，从注重灌输转向注重启发，另外还要注重转换教育思想观念，从而更好地保证人才培养模式的创新。

罗敏杰在其《高职学院人才培养模式创新研究》一书中，在对高职人才培养质量及其评价标准进行分析的基础上，对我国高职人才培养历程和模式、国外高职人才培养模式及启示进行探讨，并有针对性地提出了高职人才培养模式的创新途径及对策。

张朝霞在《法学教育改革与法学人才培养模式创新研究》一书中，对法学基本教育观念的树立、课程体系的优化、教学大纲的完善、教学方法和教学手段的改进、校园法律文化和法学文化的培育、法学师资结构的改善、法学学生的职业规划和提高就业能力等方面进行了深刻的分析，并针对法学教育的特点提出法学教育质量的标准制度，以及法学硕士、宪法与行政法学硕士课程改革的建议等，对于优化法学人才培养模式、提高法学人才培养质量具有重要意义。

除此之外，邓少平的《“工商融和”的食品专业人才培养模式创新及实践》，张小强、朱芳阳的《面向东盟的经管类人才培养模式创新研究》，王希隆的《史苑育英集：兰州大学历史学人才培养模式创新实验区的探索与研究》，游海的《以生为本 全面发展：江西师范大学人才培养模式创新与实践》等著作，王春慧、谭书贞、颜世超的《人才培养模式的创新与改革》，刘军的《煤炭企业人才培养模式的创新与实践》，曹益平的《物流管理专业人才培养模式创新》，肖娜、王艳艳、蒋婷婷的《浅谈开放大学人才培养模式创新》，李盟的《浅析部队人才培养模式的创新与实践》，郭春霞的《旅游管理人才培养模式的创新》等文章，分别针对各自领域的人才培养模式进行了论述，分析了存在的问题、限制发展的瓶颈，并有针对性地提出人才培养模式创新的有效路径和方法。

不同类型人才培养模式的创新，只有在教育教学改革过程中不断摸索并积累经验，因时因地制宜，不断摸索高等教育的有效路径，勇于创新、大胆突破，在教育观念、课程设置、教学内容、教学方法、教学手段、教学组织形式和考试评价等方面进行前瞻性尝试和探索，才能不断拓宽人才培养途径，从而优化人才知识结构、提高人才培养的质量和水平，实现最终的培养目标。

3. 教育学中关于人才培养的阐述

教育学是研究教育现象及规律的社会科学。德国哲学家、教育家赫尔巴特的重要著作《普通教育学》于1806年出版，这本书的出版标志着教育学成为一门独立的学科。赫尔巴特在该书中指出，教学可以按照明了、联想、系统、方法四步进行，也就是所谓的"四段教学法"。赫尔巴特的教育理论对19世纪以后的教育实践和教育思想产生了极大影响，被看作是传统教育理论的代表。

德国教育家第斯多惠在其代表作《德国教师培养指南》中提出"全人教育"的理想，将"自动性"与社会中的真、善、美分别视为培养"全人"的主观和客观基础。他还提出教育的自然适应性原则和文化适应性原则，指出教育既要符合人的天性又必须适应社会文化的状况。他主张教学不仅应当传授知识，而且还应当发展能力。在教学方法上，他主张采用启发式教学法，诱导并激发学生的智力，使他们能够探求、考虑、判断与发现，从而提升学生的能力，反对死记呆读、压制智力发展的做法。他的这种"全人教育"的思想在后来多国学者的研究中得以体现和贯彻。

于1998年8月29日通过，2015年12月27日第一次修正，2018年12月29日第二次修正的《中华人民共和国高等教育法》对高等教育的人才培养目标和任务是这样阐述的："第四条　高等教育必须贯彻国家的教育方针，为社会主义现代化建设服务、为人民服务，与生产劳动和社会实践相结合，使受教育者成为德、智、体、美等方面全面发展的社会主义建设者和接班人。第五条　高等教育的任务是培养具有社会责任感、创新精神和实践能力的高级专门人才，发展科学技术文化，促进社会主义现代化建设。”①这也是目前最权威的关于人才培养目标和任务的阐述。

周瑛、李晓萍在《教育学》一书中，谈及教育如何促进人的全面发展时指出：首先要确立以人为本的理念，在教育中贯穿合作教育的基本思想，从单纯的“职业能力”培养转变为“综合素质”培养；其次是建立核心能力的培养模式，在此过程中注重人的个性的全面和谐发展，包括人的基本能力、职业能力、人际交往能力、创业能力等；最后是创设全面发展的人文环境。作者在书中谈到了许多常用的教学原则，如科学性与思想性相统一的原则、教师主导作用与学生主动性相结合的原则、理论联系实际的原则、直观性与抽象性统一的原则、传授知识与发展能力相统一的原则、系统性和渐进性相结合的原则、统一要求和因材施教相结合的原则、理解性和巩固性相结合的原则等。可以看出，这些原则与前面提到的人才培养模式的分类有不谋而合之处，不同的教学原则贯穿在人才培养的过程中。“教学模式是在一定的教学理念的指导下，围绕某一个教学主题，形成稳定的、系统化和理论化的教学范型和活动程序。”②常用的教学模式如范例教学模式、掌握学习教学模式、程序教学模式、暗示教学模式、非指导性教学模式、合作教育教学模式等。结合《教育学》的内容可以看出教学原则、教学方法、

---

① 中华人民共和国高等教育法[EB/OL].(2018-12-28)[2021-01-02].http://www.moe.gov.cn/s78/A02/zfs－left/s5911/moe_619/201512/t20151228_226196.html.

② 周瑛，李晓萍.教育学[M].沈阳：辽宁大学出版社，2011：236.

教学模式及教学组织形式是人才培养模式的重要施教因素、方法和形式。正确教学原则的指导和恰当教学方法的配合,再辅以合理的教学模式、教学组织形式,人才培养效果能大大提升,达到事半功倍的效果。

朱德全、易连云主编的《教育学概论》,潘懋元著、黄宇智编的《潘懋元高等教育学文集》,励雪琴著的《教育学是什么》,陈桂生著的《中国教育学问题》《教育学的建构》,罗正华主编的《教育学》以及南京师范大学教育系编的《教育学》,这些著作从教育的本质、教育规律及其相互关系、教育目的、教学原则、教学方法、教育与人的关系、教育与社会的关系、思想道德教育、人民教师等方面进行论述,阐述了人才培养过程中不同要素的作用及其相互关系。

4. 人才培养模式的心理学基础

随着现代教育的发展以及教育改革的进一步深入,大学生心理健康在当代大学生教育中显得越发重要。从大学生自身的成长来看,只拥有超高的智商和能力,但没有健康的心理不能算是合格的人才,健康的心理和健全的人格是他们走向社会,从事社会活动的重要条件;就高校教育的发展而言,若高校培养出的毕业生缺乏健康的心理素质则势必会降低人才培养的质量,不利于校园的和谐及学校的长远发展。因此,高校在人才培养过程中,除了注重教授知识,培养学生的学术能力、专业素养之外,更应该重视学生的心理健康,这样才能培养出专业素质强、道德品质高、心理素质健康的高质量人才。

贺淑曼、蔺桂瑞的《心理健康与人才发展》一书在开篇便提到心理健康是21世纪人才的重要标志。该书对心理健康、成功训练、创新思维、人格、性与家庭、人际交往等方面与人才发展的关系进行了阐述,指出健康的情感、坚强的意志、浓厚的兴趣、崇高的理想、优良的性格和良好的学习习惯是人才成长中的重要因素，起着动力作用、定型作用和补偿作用。正如林崇德在序言中提到的："可见心理素质决定着人才的层次和水平，人才的成长需要良好的心理素质，甚至超常的心理素质，而良好的心理素质又取决于教育，所以，心理素质教育是一个提高人才素质的重要条件。"①

不少研究者还针对目前大学生心理健康存在的问题及对策进行了研究，如林慧娜的《大学生心理健康问题及对策研究》，沈源源的《浅析大学生心理健康现状及对策》，姚旋的《大学生心理健康现状与教育对策研究》，彭丹的《大学生心理健康现状及干预效果的调查研究》，周文磊的《大学生心理健康现状分析及教育对策》，李腾辉的《基于大学生心理健康现状的调查研究与分析报告》，陈琪的《90后大学生心理健康现状调研分析》等。目前大学生的心理健康问题主要存在于学习压力、人际交往、生活压力、就业压力、情感问题、人格发展等方面。各高校的心理教育也存在不少问题，如对大学生心理健康教育概念的认识不全面，甚至存在误区，不少教师将心理健康教育和道德教育混为一谈；在开展心理健康教育时形式化、应试化，忽略了心理健康与其他学科的相互渗透；在大学生心理健康教育开展过程中缺乏科学指导，相应的硬件设施不完善；心理健康教育工作方法老套、途径单一，大多采用说教形式等。

因此，在人才培养过程当中，教育方针制定者在制定培养方案、设置教学计划时，不仅要重视目前大学生心理问题的主要方面，还要重视教师方、校方在心理健康教育时存在的问题，全面考察、周密思考，真正将大学生的心理健康建设纳入人才培养模式的考量中。

---

① 贺淑曼，蔺桂瑞. 心理健康与人才发展[M]. 北京：北京工业大学出版社，1998：2.

不少专家学者还对高等教育过程中学生及教师的心理规律和现象等进行了研究。燕良轼的《高等教育心理学》一书介绍了高等教育活动中学生学习和教师教学的心理规律、心理现象，如何利用这些规律提高教与学的效率以及培养学生健全的人格，并对相关途径与方法进行了论述；胡德辉的《大学生心理与辅导》一书结合心理学的知识原理，阐明大学生心理发展的规律和特点，并联系当前大学生实际心理问题，提出进行心理辅导的理论和方法；樊富珉、王建中的《当代大学生心理健康教程》一书讲述了人生成才与心理健康、自我意识与心理健康、情绪管理与心理健康、挫折应对与心理健康、人格培养与心理健康等关系的基础知识，将常见的心理问题进行归类，结合案例阐明解决大学生在适应、人际、感情、生涯规划等方面的心理健康问题的途径和方法。另外还有西北工业大学健康教育教研室的《大学生健康教育》，刘春梅的《高校思想政治教育创新之路探索》，耿俊生、张存库的《大学生心理健康》，唐启金的《新编大学生心理健康教育》，张改叶、白剑波、张玉芳的《大学生心理健康读本》，谭顶良的《高等教育心理学》等著作，对目前大学生的心理健康问题及高校心理健康教育进行分析并提出了建议。

首先，通过培训及配备心理学专业人员来加强心理健康教育队伍的师资力量。教师作为心理健康教育的实施者、指导者，自身要是一个心理健康、阳光的人，而且要有心理健康知识和心理咨询的实操技能。

其次，建立新生心理健康档案，追踪指导。从入学起就开始记录每个学生的基本信息和存在的心理问题，有老师专门进行跟踪指导，对可能出现的心理问题进行登记，做到尽早发现、尽早指导，将问题解决在萌芽阶段。

最后，改革心理教育模式，开展多途径心理健康教育。借助手机、微博、微信等网络平台，普及和推广心理健康知识；开展丰富多彩的学生活动、社团活动、志愿服务活动，使学生在活动中打开心扉、释放压力；举办心理健康教育沙龙，开设各类相关讲座来丰富心理健康教育的形式。

二、播音主持人才培养研究的现状

（一）关于播音主持人才培养的研究

近些年对播音主持人才培养的研究主要集中在以下几个领域：一是播音人才培养采用大课和小课相结合的模式；二是马克思主义新闻观贯穿播音主持人才培养全过程；三是关于复合型人才的培养。接下来分别进行论述。

1. 播音主持人才培养采用大课和小课相结合的模式

播音主持人才培养方式与其他专业人才培养方式有所不同，除了授课内容需要兼顾播音主持专业知识、新闻传播相关知识外，在专业教学方式上主要按照大课、小课相结合的方式进行。大课全面、系统、深入地介绍理论知识，对核心知识点进行统一的指导和示范，而小课则通过“一对一”“师傅带徒弟”式的辅导和训练，帮助学生掌握具体的表达技巧和技能。小课的学生人数一般控制在 10 人左右，方便教师一对一地指导和训练。通常情况下，教师在大课上讲授的知识都会在小课训练中一一落实，让学生真正将课堂知识转化为自身技巧和能力。

大课和小课相结合的培养模式在播音与主持艺术专业开办伊始

就被应用到了教学中。“1963 年，我国第一个播音专业在北京广播学院建立，并于 9 月开学。……在专业教育中，坚持思想道德、新闻敏感同真情实感、表达技巧并重，在专业教学中，坚持理论同实践结合、大课和小课结合、讲授同训练结合、扬长与补短结合、基底与特点结合……例如小课，这是播音专业必不可少的教学环节，一般一位老师带 8—15 个学生。每次课大约 4 个小时，既要针对小组的共性问题进行辅导，又要根据每一个学生的具体情况，肯定优点，指出不足，并教给相应的解决方法。没有小课，就违背了播音教学的基本规律，学生无法得到具体指正，容易走弯路，甚至不能进步。”①

随着广播电视事业的发展，开设播音与主持艺术专业的院校越来越多，尽管培养规模、办学层次不尽相同，但是这些院校对于小课的重视却是相同的。教师和研究者都意识到小课对播音与主持艺术专业至关重要，小课教学针对性较强，是培养“应用型”人才最直接、有效的渠道。

陈竹的《播音与主持专业小课教学初探》和郭琳的《对播音与主持艺术专业实践小课教学方法的思考与探索》针对播音与主持艺术专业实践小课的特点，提出了小课教学可以采用讲解法、示范法、讲评法、案例法、带播法和激励法等来提高教学实效。何艳萍的《播音与主持艺术专业小课教学探析》针对小课教学的特点，对播音与主持艺术专业小课教学方法和结构设计等进行了分析研究，并对当前小课教学进行了评价和展望。高放、童谦益、曾致的《论播音主持专业小课教学的基本原则》针对本学校特点提出了播音小课教学的八项原则：“三年不断线”原则、阶段性训练原则、因材施教原则、借鉴示范原则、鼓励创

---

① 张颂. 播音主持艺术论[M]. 北京：中国传媒大学出版社，2009：95.

新原则、鼓励竞争原则、好状态训练原则、教师轮换原则。除了为自己学校教学提供指导之外,也为其他同类院校的小课授课提供了有益参考。何炜的《浅析播音主持小课教学中应注意的若干问题》,文玮玮的《对播音与主持艺术专业小课教学方法创新的思考》,于舸的《播音主持小课教学中应注意的几个问题》,赵熙敏、余岩波、丁亮的《小课教学模式创新探析:基于播音与主持艺术专业的课堂教学》,刘临春的《新媒体环境下播音与主持小课创新研究》等,这些研究分别针对新世纪广播电视发展现状,以及生源数量剧增、层次多元化的情况,提出只有在理论上和实践中进行创新,扩充"校内实训模式",深化"校外实习模式",大胆挑战传统形式,寻求新元素与旧传统的有机结合,这样才能使播音与主持艺术专业在新时代取得更大发展。

2. 马克思主义新闻观贯穿播音主持人才培养全过程

"马克思主义新闻观是马克思主义的重要组成部分,是马克思主义关于新闻现象和新闻传播活动的总的观点与看法,是以马克思、恩格斯为代表的历代马克思主义者总结概括无产阶级新闻事业的实践经验而形成的关于新闻的属性、地位、作用、方针、原则和新闻传播规律的科学理论。"①播音员主持人是新闻工作者,是节目与受众之间的桥梁和纽带,要以马克思列宁主义、毛泽东思想、邓小平理论、"三个代表"重要思想、科学发展观和习近平新时代中国特色社会主义思想为指导,宣传党的路线、方针、政策,传播新闻、知识,说明事理,因此播音员主持人必须要有过硬的政治素质,坚持马克思主义新闻观。

1952年12月2日,中央广播事业局召开的第一次全国广播工作会议提出了对播音员的要求,这是本次会议的三个重要方面之一。会

① 陈力丹.马克思主义新闻观教程[M].北京:中国人民大学出版社,2011:1.

议提出“播音员不是传声筒”,“播音员应是有丰富的政治情感和艺术修养的宣传鼓动家”,“要求每一个播音员都应是人们的喉舌,要使自己的声音真正表现出伟大的中华民族的气魄,他要使自己广播的一言一句都深深地打动人心”。[①]

1987年8月16日,齐越在中国广播电视学会播音学研究会成立大会暨庆祝齐越同志从事播音工作四十年活动时发表讲话:“是的,我是个播音员。世界上有多种多样的播音员,我是中国人民的播音员,中国共产党的播音员,我以此为自豪。……是的,我是个传声筒。我传的是中国人民战胜艰难险阻、走向胜利的声音;我传的是人民和党政治上和谐一致的声音;我传的是中国共产党堂堂正正的真理之声。做这样的传声筒,我感到无比幸福和自豪。”[②]

在播音与主持艺术专业建立40周年时,张颂在说到播音专业几十年的经验时认为:“我们在教学中,一直贯穿共产主义的世界观、为人民服务的人生观、坚持进行‘喉舌意识’、‘传播意识’、‘精品意识’和‘群体意识’的培养。”[③]从这里可以看出,中国传媒大学播音主持艺术学院在人才培养过程中时刻坚持马克思主义新闻观,这也是一代又一代“广院人”坚持的教学原则和信念。

鲁景超在《关于播音主持人才培养模式的思考:写给“纪念人民广播播音七十年”》的文章中写道:“改革开放30年,广播电视事业的蓬勃发展,对播音主持人才培养提出了新的要求。虽然教学内容不断丰富、教学手段不断变换,但是,‘培养什么人’的指导思想却从未改变。近年来,每届新生入学,我们都要带领他们集体宣读誓词:‘忠诚党的

---

① 姚喜双.播音学概论[M].北京:北京广播学院出版社,1998:207.

② 齐越.人生在世,事业为重[J].中国广播电视学刊,1990(1):80-82.

③ 张颂.播音主持艺术论[M].北京:中国传媒大学出版社,2009:88.

新闻事业，肩负党的喉舌重任。坚决维护国家利益，全力弘扬民族精神。刻苦锤炼语言功力，生动传播时代强音。催生有声语言典范，承担继往开来使命。立德、敬业、博学、竞先。我们时刻准备着！’在庄严、神圣的仪式中，强化了学生的使命感和责任感。”①

刘长宇的《高校播音与主持艺术专业学生政治素养的建设与培养研究》和宋丽霏的《播音与主持艺术专业教学与大学生思想政治教育的融通》论述了在播音主持人才培养过程中应加强媒介素养与政治素养的融合，建设良好的班级政治文化，鼓励学生参加形式多样的社会实践活动。播音与主持艺术专业学生良好的政治素养可以提升实际工作中处理政治问题的水平，坚定从事专业工作的信念和信心。

寇书敏的《播音员主持人应具备的基本素质》、骆思羽的《播音主持工作者应具备的能力研究》、尹航的《高校播音主持艺术专业主持能力培养的独立化策略》、贾喻翔的《新时期播音与主持艺术专业人才的培养》等文章也对播音员主持人新闻工作的性质以及应具备的政治素养进行了论述，并对播音主持人才培养过程中加强政治素养和媒介素养的有效途径及方法进行了论述。

3. 复合型人才培养

随着受众审美水平的日益提升，受众对播音员主持人的要求越来越高。与此同时，在高等教育的大众化趋势下，播音与主持艺术专业面临着教育、教学和就业的严峻形势。不少专家学者通过挖掘、分析播音主持教学中的问题以及大众的需求，提出播音与主持艺术专业人才的培养模式应由“通才”培养转向“专才”培养，再由“专才”培养转

① 鲁景超. 关于播音主持人才培养模式的思考：写给“纪念人民广播播音七十年”[J]. 现代传播，2011(4)：126-129.

向“复合型人才”培养。

关于播音主持复合型人才的培养，张颂1998年在《现代传播》上发表了题为《关于一专多能的思考》的文章。文中关于“复合型人才”，主要表达了两个层面的意思：“复合型人才有多方面的要求与表现，在知识结构上应该是较宽的知识面和精深的专业的统一；在能力上是理论研究能力和实践应用能力的统一。这样，复合型人才的特点就可以表述为‘一专多能’。一专多能，一般是两层含义，一是以本专业为主，兼具相关的若干专业能力；二是在本专业的诸项业务中，有一两项达到了相当高的水平。”①

鲁景超在《播音主持艺术学的回顾与展望（代序）》中谈到未来对人才的培养要向“精深”和“宽广”两个方向同时发展时认为：“另一方面，还要拓展专业外延，顺应媒体融合的新趋势，不断开辟新领域。从大众传播向新媒体和人际传播拓展，培养出能适应复杂媒介环境的复合型精英人才。为此，我们要以‘宽口径、厚基础、高素质、强能力’为教学原则，以课程体系为核心，以师资队伍为主导，以科研和管理为保障，探索出特色鲜明的教学、管理模式。”②

在吴郁、曾志华的《播音主持专业人才培养研究》一书“培养目标与人才选拔标准分类”一章，指出：“多数情况下，播音员主持人要做到身兼数职，采编播一体。即使不担任主要的采编任务，也要融入节目中去，把自己的思想和节目制作者的创作意图融合到一起。在这样的工作环境中，不具备广博的知识，不提高从业者的综合素质，是无法适应一线提出的具体要求的。”③书中分别从“要有丰厚的文化底蕴”“提

---

① 张颂. 关于一专多能的思考[J]. 现代传播，1998(3)：77.

② 中国传媒大学播音主持艺术学院. 播音主持语音与发声[M]. 北京：中国传媒大学出版社，2014：5.

③ 吴郁，曾志华. 播音主持专业人才培养研究[M]. 北京：中国传媒大学出版社，2009：29.

高操作能力，实现一专多能”“具备理性分析能力，培养良好的心理素质”“要有较强的外语交流能力”几个方面进行了阐释和论述。

丁龙江在《新看点 新鲜看：“数说”校台合作项目》文章中说：“我们将充分借鉴兄弟学科的知识，广泛搭建教育实践平台，借助能够获得的所有资源，培养全面发展的广播电视高级复合型人才，完成传媒教育工作者的历史使命。”①可以看出重视播音主持“复合型”人才培养成为众多研究者的共识。大多数相关论文认为播音主持“复合型”人才应是以播音主持为主，语言表达为基础，集“采、编、播”于一体的应用型人才。

还有不少研究者提出应结合各自学校的特点培养综合素质较高的播音员主持人，如骆志方的《创设播音主持复合型人才培养模式初探》，王继阳的《浅谈播音与主持艺术专业复合型人才的培养路径》，朱洁的《浅析综合性院校播音主持专业复合型人才的培养》，帖洪宇、关志英的《播音主持复合型人才培养模式的创设》，王振宇的《试论播音与主持艺术专业复合型人才的培养路径》等，这些论文对新形势下播音与主持艺术专业人才培养，提出自己的建议、意见。认为在加强播音与主持艺术专业人才马克思主义新闻观教育、增强播音员主持人的职业道德和职业责任感的同时，注重语言表达能力的培养，尤其是即兴口语表达能力的培养。除此之外，在选拔标准方面，更应该顺应时代发展要求，制定出一套全面、科学的播音主持专业人才选拔标准体系。在课程设置方面也应该更加优化与完善，既要明确播音主持专业课的核心地位，也要加强公共课的课程设计，拓展学生的其他能力，如表演、编导、互联网应用等。此外，有的研究者认为引入“1 + N”的

---

① 鲁景超. 电视口语传播理论和实践[M]. 北京：中国传媒大学出版社，2012：28.

艺术培养模式,可以更好地提升学生的综合素质。

(二)相关学科对播音主持人才培养的影响

"研究播音教学法,要了解中国播音学的学科独立性和可容性。……播音学立足于哲学、艺术学、新闻与传播学、语言学及应用语言学四大学科支柱;播音学强调主体间性,传播主体和接受主体互补互动、彼此融通。"①正是因为播音与主持艺术专业以多学科为支撑,所以其人才培养过程也会受到相关学科的影响,以下就新闻传播学、艺术学、语言学及应用语言学对播音主持人才培养的影响展开讨论。

1. 新闻传播学对播音主持人才培养的影响

段汴霞在《电视播音与主持》一书中说:"就电视新闻而言,它属于传播学和新闻学的范畴,但在具体的新闻传播过程中,它又和语言学、美学有了交叉,这个交叉点就是我们所说的电视新闻播音主持。"②

彭菊华在《新闻学原理》一书中写道:"如在电视新闻传播中,对于新闻节目播音员主持人的一举一动,受众连他们的着装和发型都要管,媒体还不能不听。"③

陆定一在《我们对于新闻学的基本观点》中对新闻做出了界定:"新闻就是新近发生的事实的报道。"④随着时代的发展,学界将新闻的概念修订、补充为"新近发生及正在发生的事实的报道"。新闻传播要注重时效性、真实性、客观性。

新闻的基本特点是真实、新鲜和公开,邹俊在《论播音创作的新闻

① 张颂. 播音主持艺术论[M]. 北京:中国传媒大学出版社,2009:113.
② 段汴霞. 电视播音与主持[M]. 开封:河南大学出版社,2013:98.
③ 彭菊华. 新闻学原理[M]. 北京:中国传媒大学出版社,2006:191.
④ 陆定一. 我们对于新闻学的基本观点[M]. 北京:新华出版社,1980:224.

性》一文中,分别就新闻的三个基本特点在播音创作中的体现做了论述。首先,播音创作必须抓住新闻的新鲜感,在播报时还要考虑政治、经济等因素来决定新闻的新鲜点是否是最重要的点。这不仅需要播音员主持人具有新闻敏感度,还要有大局意识、整体意识,来体现新闻性,反映新闻的时代感。其次,分寸感是播音创作中声音形式发生变化的尺度,是体现新闻真实性的重要因素。最后,播音创作还要有鲜明的情感态度、政治倾向,这是播音对新闻公开性原则的必然反映。

栾海的《播音主持人的职业素养》、刘琼的《基于新闻传播业分工结构和运行方式播音主持教育体系的构建研究》、朱瑞臣的《有声语言传播视角下播音主持教学创新研究》、谭辉的《试论新闻播音的"新闻感"》等文章对播音员主持人的新闻素养进行了研究,并对提高新闻播音技巧和专业技能进行了论述。

新闻属性是中国播音学的根本属性,播音员主持人是新闻工作者,也是新闻传播中的重要一环,因此在课程设置和专业训练中,就需要有意识地加入相关环节的练习,如开设新闻传播课程、新闻写作课程,让学生了解新闻学原理、了解新闻传播规律,提高学生的新闻传播素养;在利用新闻稿件练习语言表达技巧时,要求真实准确、具有新鲜感、简洁明快、朴实无华、平稳顺畅;除此之外,在日常生活中还要培养学生的时间意识,甚至言谈举止方面的素养,使其尽可能符合一名新闻工作者的要求。

2. 艺术学对播音主持人才培养的影响

播音主持创作不仅是一项新闻实践活动，也是一项语言艺术创作活动。只强调播音主持创作新闻性的一面而忽视了艺术性,或只强调艺术性的一面而丢掉了新闻性,这都不是完整意义上的播音主持创作。播音主持不是简单的念字出声,而是通过播音员主持人的再创造，将稿件中的精神实质、人物事件、情况蕴藉、文采风格等生动、准确、鲜明地转化为有声语言。

张颂在《播音浅谈》一文中说："从宣传的形式上看，播音是一种有声语言的再创造，所以又属于语言艺术的范畴。它要运用语言学的理论加强语言的清晰度，又要运用发声学的理论使气息声音自如优美，还要运用朗读学和表演艺术的理论，熟练自己的语言表达技巧，使语言富有感情性和丰富性。"①

既然播音主持创作具有重要的艺术性，那么在播音主持人才培养中如何贯彻播音创作的艺术性则是重点。赵俐在《校台合作模式对"普通话语音与播音发声"课程建设的启示与思考》一文中，谈到"普通话语音与播音发声"应达到技艺结合的目标，"语言艺术不是数理逻辑，不是标准化指标。技术服务于艺术表达。因此，教学中还要注意技术与艺术相结合的声音目标。声音训练中既要有科学性的分解训练，也要有综合起来的艺术性变化。"②

王朝庄、赵金声的《普通话理论与应用》一书，在"艺术性口语表达训练"一章，提出了艺术性口语表达的基本要求是"语音准确，语流顺畅""情声结合，用气自如""想象丰富，表演得体"，在教学中也应该坚持这些原则。在播音主持教学过程中也可以很好地吸收、借鉴姊妹艺术，如表演、歌唱、编导、话剧、舞台艺术、灯光艺术等，提升学生的艺术素养，以有利于在播音主持创作中更好地体现艺术性。

另外，王军的《播音主持的艺术性魅力展现探微》、高戈的《播报式新闻播音的情感表达》、侯曦的《探讨播音主持语言的艺术性和表现

---

① 张颂. 播音主持艺术论[M]. 北京：中国传媒大学出版社，2009：158.

② 赵俐. 校台合作模式对"普通话语音与播音发声"课程建设的启示与思考[M]//鲁景超. 电视口语传播理论和实践. 北京：中国传媒大学出版社，2012：47.

力》、张亮的《如何展示播音主持的艺术性魅力》、徐涛的《新媒体语境下播音主持语言的艺术性分析》等,对播音主持创作的艺术性进行了分析论述,并有针对性地提出加强播音主持创作艺术性的途径和方法。

3. 语言学及应用语言学对播音主持人才培养的影响

语言学及应用语言学对播音与主持艺术专业的影响可以说是根深蒂固的。播音主持创作使用的最主要的工具就是语言,不管是语音、语法还是在表达中使用的语言表达技巧都是语言学及应用语言学中的一部分。播音与主持艺术专业在招收硕士研究生时,参考书之一便是《语言学纲要》,而最早的硕士生研究招生方向便是语言学及应用语言学。

吴为章的《广播电视话语研究选集》中在说到语法分析和播音的关系时指出:"要掌握好播音的形式要素,恰当地运用语调,就要了解语调的四要素,准确把握确定四要素运用的种种因素。我们初步分析这句话不难看出,语调四要素的运用在不同程度上都与语法结构有着密切的关系。因此,对语调四要素的语法因素作进一步的探讨,是提高播音表达技巧的重要理论课题之一。"①

李晓华的《广播电视语言传播发声艺术概要》一书在绪论部分便指出有声语言是广播电视传播的重要手段。运用有声语言进行的传播活动,称之为"语言传播"。"有声语言一般可分为两大类:日常生活口语和艺术语言(艺术化的口语、书面语的口头表达)。……广播电视传播语言属于艺术语言。在语言传播活动中,传播对象、传播场合、传播方式等各不相同,对发音用声的质与量,都有不同于日常生活口

① 吴为章.广播电视话语研究选集[M].北京:北京广播学院出版社,1997:47.

语的特殊要求。”①

张野、董锡波的《语言学视阈下主持人无稿播音策略研究》,何敏的《语境框架下的播音主持语言认知》,芮辉的《试论电视新闻语言特点对播音创作的启示》,刘迎新的《新闻播音语言停连模式的时代特点分析》等,这些研究都从语言学及应用语言学的角度对播音主持创作进行了分析论述。

在播音主持教学中,语音、语法、语境、语言表达技巧(停连、重音、语气、节奏)等的学习,都离不开语言学及应用语言学的支撑。因此在播音主持人才培养过程中要有意识地增加语言学及应用语言学方面的知识讲授,通过设置专门课程、名家讲堂等形式提高学生的语言学及应用语言学基础能力。

① 李晓华.广播电视语言传播发声艺术概要[M].北京:北京广播学院出版社,1999:2.

第一章 播音与主持艺术专业教育发展历程及人才培养的特殊性

第一节 播音主持艺术学院发展历程回顾

一、中国传媒大学播音主持艺术学院的历史沿革

中国传媒大学播音主持艺术学院成立于1996年9月16日，是中国传媒大学的一个二级学院。它的前身是北京广播学院播音系，始建于1963年。

1949年10月1日新中国成立，当时，全国的广播电台已发展到40多座，并具备了一定数量的播音队伍。随着广播事业的蓬勃发展，人民播音事业也进入了一个生机勃勃的大发展时期。1949年12月5日，北京新华广播电台正式定名为中央人民广播电台。1952年12月2日，中央广播事业局召开了第一次全国广播工作会议，这是在新中国成立后召开的第一次播音工作会议。会议讨论了播音工作的性质、任

务、作用、重要性，以及对播音员的要求和他们应学习的内容。1954 年 3 月，中央广播事业局在北京首次开办广播技术人员训练班、播音员训练班和收音员训练班，这是新中国成立后最早的培养中级广播技术人员的教学机构。1958 年，为了应对各类广播电视专业人才需求量日益增加的局面，中央广播事业局决定在原训练班的基础上开办北京广播专科学校，开始培养具有大专学历的广播专业人才。1959 年 9 月 7 日，经国务院和教育部批准，北京广播学院在原北京广播专科学校的基础上成立。北京广播学院的成立为我国播音专业学历教育的发展铺设了平台。1960 年，为充实中央台和地方台播音队伍，由中央广播事业局负责，按照周恩来总理的指示，中央台播音组在北京一些学校考查挑选 30 多名学生，经北京广播学院培训，于 1961 年 2 月分配到中央台和地方台。中央台接收了铁成、丁然、金峰、雅坤、赵培、虹云、钟瑞、徐曼等 18 名播音员。

随着各地广播事业的飞速发展，地方对于播音人才的需求也日益增多，纷纷要求中央广播事业局加大对播音专业人才的培养力度。中央广播事业局和北京广播学院开始考虑长期培养播音员，向国务院申报开办播音专业学历教育。“(20 世纪)60 年代初中央台播音部的马尔方和天津台播音组的徐恒同志调到学院，牵头筹建了播音专业。1963 年正式招收播音专业学生，学制 3 年，从此在我国有了培养播音人才的正规院校。”①

然而好景不长，从 1963 级播音大专班开始，北京广播学院（以下简称“广院”）播音专业只招收了 1963、1964、1965 三届学生。1966 年 5 月，全国上下开始了史无前例的“文化大革命”，播音事业同其他事业一样，

① 张颂. 中国播音学[M]. 2 版. 北京：北京广播学院出版社，2003：24.

遭受了极其严重的破坏:播音队伍被打散,播音理论和业务建设遭到破坏,选拔播音员的科学方法和培训被否定,北京广播学院被迫停办。

1972 年,在周恩来总理的亲切关怀下,北京广播学院恢复办学。1974 年恢复招生,招收了三届“工农兵学员”。

1977 年 11 月,中央广播事业局和教育部联合发文,北京广播学院播音专业参照艺术院校招生办法开始招生。1978 年 9 月,新闻播音专业学制由 3 年改成 4 年,播音教育升为本科。1980 年,播音专业从新闻系分离出来,成立了播音系。1981 年,播音系作为首批硕士学位授权点,开始招收硕士研究生。1996 年,北京广播学院在原播音系的基础上成立了播音主持艺术学院。在时任院长姚喜双的带领下,播音系升格为播音主持艺术学院后,进行了大幅度的调整和扩充。用姚喜双的话说是“四个二”,分别是两个系:播音系、语言应用系,两个所:播音主持艺术研究所、语言传播研究所,两个中心:普通话水平测试中心、全国播音节目主持人培训中心,两个专业:播音与主持专业、语言专业。1998 年,国家进行普通高等院校学科调整,将原属新闻学类的播音专业调整到艺术学类,并改名为播音与主持艺术专业,同时,修订并颁布了普通高等学校播音与主持艺术专业规范。1999 年,北京广播学院开始在广播电视艺术学博士点的广播电视语言艺术方向招收博士研究生。2001 年,播音主持艺术学院语言学及应用语言学博士点开始招收“中国播音学”研究的博士研究生。2005 年,中国播音学从语言学及应用语言学学科中分离出来,在新闻传播学一级学科下自主增设了“广播电视语言传播”二级学科,并招收博士研究生。2006 年,播音主持三个硕士专业方向从语言学及应用语言学专业中分离,增设了“广播电视语言传播”专业硕士点,并开始招生。播音主持艺术学院现有博士生导师和硕士生导师 32 人。学院拥有一批国内一流水平的专家学者,承担了多项国家级和省部级科研项目。

播音主持艺术学院目前下设播音主持创作基础部、新闻播音主持系、综艺主持系、口语传播系、播音主持艺术研究所、语言传播研究所、普通话水平测试中心等系所,并建立了广播电视播音员、节目主持人培训交流中心。现有专职教学科研人员57人,具有副高以上职称的人数占71%。全日制在校生800多人,其中研究生200多人。

播音主持艺术学院具有良好的教学、科研条件,拥有60多个电视演播厅(室)和播音教学语录室,配备了目前最先进的数字视频和音频设备。普通话水平测试实验室、计算语言学实验室等也配备了国内一流的设施。

播音主持艺术学院是中国建立最早、影响最大的培养广播电视播音与主持艺术专业高层次人才的教学基地,也是中国广播电视语言传播研究和应用语言学研究的科研基地。

二、中国传媒大学播音主持艺术学院发展概况一览表

为了更加明晰地回顾中国传媒大学播音主持艺术学院的发展历程,特列出以下重要时间点,在发展概况一览表中呈现。

中国传媒大学播音主持艺术学院发展概况一览表

时间	事件
1958年	中央广播事业局决定在原训练班的基础上开办北京广播专科学校,开始培养具有大专学历的广播专业人才。
1959年9月7日	经国务院和教育部批准,北京广播学院在原北京广播专科学校的基础上成立。
1960年	中央台播音组在北京一些学校考查挑选30多名学生,经北京广播学院培训,于1961年2月分配到中央台和地方台。

续表

时间	事件
20世纪60年代初	中央台播音部的马尔方和天津台播音组的徐恒同志被调到北京广播学院，牵头筹建了播音专业。
1963年	北京广播学院正式招收播音专业学生，学制3年，从此我国有了培养播音人才的正规院校。
1966年5月	“文化大革命”开始，北京广播学院被迫停办。
1972年	在周恩来总理的亲切关怀下，北京广播学院恢复办学。
1974年	北京广播学院恢复招生，招收了三届“工农兵学员”。
1977年11月	中央广播事业局和教育部联合发文，北京广播学院播音专业参照艺术院校招生办法开始招生。
1978年9月	新闻播音专业学制由3年改成4年，播音教育升为本科。
1980年	播音专业从新闻系分离出来，成立了播音系。
1981年	播音系作为首批硕士学位授权点，播音专业开始招收硕士研究生。
1996年	北京广播学院在原播音系的基础上成立了播音主持艺术学院，同年举办首届齐越朗诵艺术节。
1998年	国家进行普通高等院校学科调整，将原属新闻学类的播音专业调整到艺术学类，并改名为播音与主持艺术专业，同时，修订并颁布普通高等学校播音与主持艺术专业规范。
1999年	北京广播学院开始在广播电视艺术学博士点的广播电视语言艺术方向，招收博士研究生。
2001年	播音主持艺术学院语言学及应用语言学博士点开始招收“中国播音学”方向的博士研究生。
2005年	中国播音学从语言学及应用语言学学科中分离出来，在新闻传播学一级学科下自主增设了“广播电视语言传播”二级学科，并招收博士研究生。
2006年	播音主持三个硕士专业方向从语言学及应用语言学专业分离，增设了“广播电视语言传播”专业硕士点，并开始招生。
2008年	中国传媒大学播音主持艺术学院师生承担奥运会解说工作。
2013年	齐越朗诵艺术节正式确定由中华人民共和国教育部、国家语言文字工作委员会主管，教育部语言文字应用管理司、中国传媒大学主办，中国传媒大学播音主持艺术学院承办，并更名为“齐越朗诵艺术节暨全国大学生朗诵大会”。

续表

时间	事件
2014 年	“一部三系”新教学体系建成,成立播音主持创作基础部、新闻播音主持系、综艺主持系、口语传播系。同年开始招收播音主持艺术学专业硕士研究生、博士研究生。
2015 年	中国传媒大学播音与主持艺术专业开始实施全新的教学大纲,使用新版教材,同步启动新课程教学。
2016 年	欧洲首家普通话培训测试中心揭牌。
2017 年	美洲首家普通话培训测试中心揭牌。

注:所列事项时间截至 2017 年 5 月 2 日。

第二节　播音与主持艺术专业教育发展历程

从 1940 年 12 月 30 日中国共产党领导的第一座广播电台——延安新华广播电台成立开始算起,人民广播播音事业走过了 80 多年的历程。80 多年间,播音主持事业蓬勃发展,播音员主持人队伍从最初的几人发展到现在的几万人,播音专业教育也从师傅带徒弟似的“一带一”模式走向专业化、系统化,发展到“现在高等学府有专门的系科、专业,有一支包括教授、专家在内的师资队伍,能培养本科生、研究生等不同层次的播音专门人才”①。播音与主持艺术专业教育的发展反映了播音主持事业的蓬勃发展。

一、部分文献关于播音主持事业发展阶段的阐述

姚喜双在《播音学概论》中将播音事业的发展分为两个大阶段:延

① 姚喜双. 播音学概论[M]. 北京:北京广播学院出版社,1998:185.

安陕北时期的播音(1940—1949 年)和新中国成立后的播音(1949 年 10 月 1 日至今)。其中新中国成立后的播音又可分为三个阶段,即和平建设时期的播音、"十年动乱"时期的播音和改革开放新时期的播音。

吴为章在《广播语言研究述评:为纪念人民广播事业诞生 50 周年而作》一文中,把自 1940 年年底以来的广播语言研究分为五个时期:萌芽时期(1940—1949 年),主要提出了广播要适合"听"的起码要求;探索时期(1950—1965 年),提出不做报纸的"有声版"和"学会自己走路"的方针;停滞时期(1966—1976 年),受"文革"影响相关研究停滞不前;复苏时期(1977—1979 年),主要研究成果是清除"文化大革命"中"八股腔"的残余;发展时期(1980 年至今)。

喻梅在《新中国播音创作简史》一书中,将 1940—2015 年我国的播音事业发展分为六个时期,分别是:萌芽期(1940—1949 年),人民播音事业诞生到新中国成立前的播音创作;奠基期(1949—1966 年),新中国成立后到"文革"前的播音创作,这一时段在继承和发扬延安优良传统的同时,为播音创作注入了新的时代内涵,为今后播音事业的发展打下了坚实的基础;曲折期(1966—1976 年),这时期的播音创作受到影响,"文化大革命"的爆发给广播电视事业带来极大破坏,但是在全体广播电视工作者的不懈努力下,还是取得了一些进展;恢复期(1976—1989 年),开放的社会大环境为广播电视事业发展提供了良好的机遇,播音创作逐渐恢复生机;发展期(1990—1999 年),在改革开放的第二个十年,广播电视事业和播音创作进入了高速发展的阶段;成型期(2000—2015 年),广播电视播音创作及整个传媒行业进入突破创新、快速发展的时期。

二、部分文献关于播音与主持艺术专业教育发展阶段的梳理

关于播音主持教育的发展阶段，张颂在《播音主持艺术论》一书中认为，播音专业经历了三次转型，也就是一些文章中提到的草创期、成型期和成熟期。按照他的划分，三个阶段分期如下：

第一阶段：1963—1977 年。这时候的播音专业教育完全是为了满足广播电台、电视台对播音人才的急需。此时的播音专业是 3 年制的大专学历教育，由于各地方台对播音人才的需求紧急，1963 级的学生在第四学期进行了 7 周的加急播音实践训练，就被分配到各台去了。1966 年“文化大革命”开始，1964 级、1965 级以及 1974 级、1975 级、1976 级受到“文革”的干扰和影响，也没能严格按照教学计划培养。这几届毕业生的情况跟 20 世纪 50 年代末 60 年代初中央广播事业局举办的“短训班”类似。直到 1977 年，播音专业才真正开始了完全按照计划教学，实践了从“培训型”向“学历型”、从“应急型”向“计划型”的转变。

第二阶段：1977—1998 年。在这一阶段，播音专业教育进入本科层次后增加了大量的文化课、专业基础课，专业课也更加丰富、深入。在进行本科教学的同时，还扩充了大专、续本、硕士、研修、短训班等教学内容，随着学生人数的增加，师资出现明显不足的情况。经过讨论，实施了以“教学组老师”面对“全班每一个同学”的教学方式，效果良好，由教师“按时喂奶”到学生“自己找奶”，学生的积极性大幅度提高。播音教学也开始了从“粗放型”到“集约型”、从“计划型”到“自主型”的转变。

第三阶段：1998 年至今。随着高等教育的普遍化，招生中“泛文

化论”的指导思想致使生源质量不尽如人意。有些学生高考分数高，但是专业素质不高。播音学院在人才培养过程中不得不做出调整：在注重优化知识结构、提升综合素养的同时，也强化竞争意识，注重“尖子生”的培养。教学开始从“集约型”到“发散型”，从“自主型”到“竞先型”转变。[①]

西北师范大学的张洋在其硕士论文《媒介融合下的高校播音与主持艺术专业教育的发展及对策研究》中，通过对播音与主持艺术专业教育的不同阶段发展历程的分析，针对目前专业教育在快速发展中存在的问题，探寻适合播音与主持艺术专业教育在目前媒介环境中可持续发展的应对策略。他在文中将播音专业教育分为以下几个阶段：“昙花一现”的初创期（1957—1963 年）、“蹒跚学步”的生存期（1974—1981 年）、“方兴未艾”的成长期（1983—2000 年）和飞跃发展时期（2000 年至今）。[②]

华中科技大学的周健恒在其论文《融媒时代播音与主持艺术专业人才培养改革研究》中，把我国播音与主持艺术专业的发展历程分为三个阶段：第一个阶段，起步阶段。广播电视与政治密不可分，我国播音主持教育起源于革命战争年代。而中国最早的播音理论和教材可追溯到解放战争时陕北台的几位播音员撰写的《十天播音工作总结》（注：实为齐越撰写）。第二个阶段，确立阶段。1980 年，北京广播学院中文播音专业从新闻系脱离出来，正式成立播音系并开始招收播音专业的硕士研究生，播音主持教育开始有了独立的学科建制。第三个阶段，成熟阶段。2004 年，北京广播学院更名为中国传媒大学，而中国

---

① 张颂．播音主持艺术论［M］．北京：中国传媒大学出版社，2009：109．

② 张洋．媒介融合下的高校播音与主持艺术专业教育的发展及对策研究［D］．兰州：西北师范大学，2013：8-10．

播音学也在这一年正式脱离语言学及应用语言学，进入一级学科新闻传播学，自身拓展升级成为一个二级学科——广播电视语言传播。①

三、中国传媒大学播音与主持艺术专业教育发展状况

播音与主持艺术专业教育的发展与播音主持事业的发展紧密相连，正是由于播音主持事业发展的需要，播音主持教育才会不断地改革创新以培养出符合发展需要的人才。播音主持事业的发展又和国家政治、经济的发展状况密不可分，与技术的进步、媒介大环境的发展密不可分。以下将结合播音主持事业发展、社会政治、经济发展的大背景以及播音与主持艺术专业教育的发展情况，对中国传媒大学播音主持艺术学院的人才培养情况进行梳理和总结，并对其人才培养模式进行分析研究。

> 应该说从1940年随着延安新华广播电台XNCR的一声呼号，人民广播就诞生了。人民广播诞生的那一天我们就开始了人才培养，当时第一个播音员叫麦风，后来又补充了一些人，他们都是在以老带新、师傅带徒弟的培养方式下成长起来的，这是我国播音人才培养的一种雏形。所以在战争年代，以齐越《十天播音工作总结》（后来温济泽对此进行了批复）、邯郸新华广播电台的两份工作总结为代表，标志着播音业务的研究开始起步，播音人才培养的雏形已经形成，包括后来北平新华广播电台招人的一些标准，实际上是对人才

① 周健恒.融媒时代播音与主持艺术专业人才培养改革研究[D].武汉：华中科技大学，2015：20-22.

培养提出的要求。

20世纪50年代我们又开设播音员的培训班。我国那时候全面学习苏联,播音人才培养的经验也吸收、借鉴很多苏联的。温济泽同志率领代表团访问苏联,学习苏联的一些珍贵经验,为我们播音体系的建立提供了很大的帮助,也为我们播音教材、播音理论的建立奠定了基础。播音专业成长发展的过程,就是吸收外来不忘本来,历史上就是这样继承和借鉴的。①

第一阶段:萌芽奠基期(1963—1977年)。依据前述张颂关于中国传媒大学播音主持艺术学院播音教育草创期的划分,这一阶段严格来说并不能称其为人才培养阶段,而更像一种应急式的、培训型的教育阶段,但是这一阶段的摸索,却为后来人才培养模式的形成打下了基础。

那个年代各地广播事业蓬勃发展,对播音员的需求量很大,因此这一阶段主要培养广播播音人才。1963级的吴郁在接受采访时这样说:“那个时候没有电视台。咱们国家1958年才开始有电视台,但是老百姓是什么时候看到电视的呢?20世纪80年代初才有电视机,一开始有票才能买电视机。最早的电视都是试验性的,所以那个时候广播电台是最主要的传播工具、宣传工具。它比报纸更重要、更方便。有些文化层次低的群众看不了报纸,听广播就能懂了,所以各个广播电台就特别需要播音员。我们是1965年毕业的,大部分去的省台,少部分去的市台。”毕业后被分配到湖南人民广播电台的1963级的宋秀

① 根据对时任教育部语言文字应用管理司司长姚喜双的采访录音整理,采访时间2016年5月。

兰在接受采访时说:“当时我们还没有电视,只有广播,都是在电台工作。”

第二阶段:形成和稳固期(1977—2007 年)。这 30 年是播音主持人才培养模式逐渐形成并逐渐稳固的时期。从 1977 年开始,北京广播学院将播音专业教育由三年制大专改为四年制本科,播音专业教育进入本科层次,增设了大量的文化基础课,内容更加丰富。1980 年,北京广播学院中文播音专业从新闻系脱离出来,正式成立为播音系并开始招收硕士研究生,播音教育开始有了独立的学科建制;与此同时还扩充了大专、续本、硕士、研修、短训班等层次的教学建制。1994 年,《中国播音学》的出版标志着中国播音学理论体系的初步建立,并以此为核心形成以“播音学概论”“普通话水平测试研究”“播音发声学”“播音创作基础”为主干的理论框架。有了完备的理论框架,人才培养也就有了坚定的理论支持。在理论发展的同时,播音系于 1996 年升格为播音主持艺术学院,下设播音系、播音主持艺术研究所、语言传播研究所、普通话水平测试中心和全国播音员、节目主持人培训交流中心等机构。2005 年中国播音学也正式脱离语言学及应用语言学,进入了一级学科新闻传播学,升级成为一个二级学科——广播电视语言传播。

1977—2007 年,中国播音学理论不断丰富和完善,广播电视事业蓬勃发展,这些为播音主持人才培养提供了强有力的理论支撑和实践范例,指导、引领着播音主持人才的培养。在此期间,中国传媒大学播音主持艺术学院在播音主持人才培养方面不断探索、实践,播音主持人才培养模式逐渐形成、发展、稳固。与此同时,培养播音主持人才的院校从最初的一枝独秀,到花开三两支,再到上百所、数百所,其他院校的播音教师不是中国传媒大学播音主持艺术学院毕业的研究生,就是曾在播音主持艺术学院进修过的老师，因而在一定程度上也都借鉴了中国传媒大学播音主持艺术学院人才培养的相关做法。从这个角度来说，中国传媒大学播音主持艺术学院对全国播音主持人才的培养做出了巨大贡献。

第三阶段：多维、立体期(2007至今)。这一阶段既是一个承上启下的重要时期，也是一个媒体格局的变革期。

从播音主持人才培养方面来看，此阶段培养的人才目标已经不单单是为广播电视机构培养高级专门人才，而是能在广播电视、新媒体等各类传播机构从事播音主持工作及相关语言传播工作的复合型人才，在原来的基础上进一步丰富和扩展；相应地，教学内容从原来的播音发声学、播音创作基础、广播电视三大块，变得更加丰富、具象。尤其是经过“一部三系”的划分，课程体系、课程教材都得以更新和发展，教学手段以及其他辅助人才培养的方式、方法、途径愈加多元，播音主持人才培养模式也更加丰富、立体、多维度。

另外，技术的发展尤其是传统媒体传播技术的发展、新媒体技术的发展使当今的媒体格局发生了巨大的改变，这些变化也极大地推动了播音主持人才培养的改革和创新。2005年被称为“中国博客元年”；2006年被称为“网络视频元年”，优酷网、土豆网等视频网站开始崭露头角；2007年被称为“中国网络民意元年”和“网络公关元年”，中国的网民开始更多地利用网络媒体渠道表达意见、参与讨论；2008年和2009年，“全媒体”的概念开始在新闻传播领域盛行，互联网的影响渗透到教学科研领域；2011年，微信走进百姓生活，短短几年注册用户数量增长迅速，据《2016微信数据报告》显示，微信日平均用户达到了7亿多人，可谓男女老少全覆盖，影响范围极广；2013年被称为“微信公众号元年”，众多微信公众平台开始运营；

2015年被称为“新媒体视频元年”，种类繁多的视频App、公众号层出不穷；2016年被誉为“中国网络直播元年”，网络直播从简单的手机应用，变为人们休闲时光的热门话题。新媒体的发展变化可以用日新月异来形容，同时“全媒体”“新媒体”的概念在新闻传播领域被频繁提及，互联网、移动App等新媒体手段被普遍运用在教学领域。

第三节　播音主持人才培养的特殊性

一、播音主持创作活动属性的特殊性

由于播音主持学科的交叉性和创作活动的复杂性，播音主持这一创作活动至少集语言属性、新闻属性、艺术属性于一身：播音主持是一项特殊的言语活动，具有言语传播属性；播音主持又是一项新闻实践活动，具有新闻属性；播音主持还是一项艺术创作活动，具有艺术属性。

（一）播音主持创作活动的言语属性

播音主持创作作为特殊的言语活动，它与其他言语活动相比不同之处在于：日常的言语活动，交流对象在场，说话者可以即时获得交流对象的信息反馈，并根据反馈调整自己的交流状态，交流的过程是一个完整和相对封闭的系统。而播音主持的言语活动是播音员主持人通过镜头和话筒跟受众交流，凭借想象受众的反应来调整状态并进行交流，整个交流过程是相对不完整和不开放的系统。除此之外，日常生活中言语者是代表自己说话，说自己要说的话；而在播音主持活动

中，播音员主持人是代表电台、电视台，甚至是代表党和政府在说话，说话的依据也变成了文字稿件或者话语提纲，必须将文稿内容或者提纲转化为自己要说的话，从而完成传播过程。播音主持这一言语活动还受到镜头、话筒等传播条件的限制，副语言不能被充分使用。这一系列特点都决定了播音主持创作的特殊性，也决定了播音员主持人只有更精准、更恰切、更完美地使用语言，发挥语言特质，才能在播音主持创作活动中更好地完成自己的角色使命。

（二）播音主持创作活动的新闻属性

从新闻传播学的角度看，播音主持创作活动是一项新闻实践活动，具有新闻属性。狭义的新闻是“新近发生的事实的报道”，广义的新闻包括了通讯、评论等，甚至所谓的“新闻性节目”也算是新闻传播的一部分。广播电视新闻传播以有声语言为主干或者主线，以播音员主持人的副语言、音响、画面等为补充完成传播过程。播音主持是广播电视宣传的最后一环，也是最重要的一道工序，播音员主持人是电台、电视台的门面，因此播音主持创作活动必须遵循新闻传播的基本规律和原则。“新闻的基本特点是真实、新鲜和公开。真实是新闻的生命，要求新闻反映真实客观的事物；新鲜是新闻存在的基础，要求新闻必须要迅速、及时、合乎时宜地反映新近发生的事件；公开是新闻的目的，要求将新闻的传播为最大多数的受众所接触。”①作为新闻传播活动中的一个环节，播音主持创作也一直体现着新闻的这三个基本特点。“真实”要求新闻事实准确无误，体现在播音主持创作中就是要有“真实感”和“分寸感”；“新鲜”体现在播音主持创作中就是要

① 高卫华. 新闻传播学导论[M]. 武汉：武汉大学出版社，2011：33.

有“新鲜感”和“时代感”；“公开”体现在播音主持创作中就是要有传播意识，进行客观报道。

（三）播音创作活动的艺术属性

播音主持创作活动具有鲜明的艺术属性，播音员主持人运用语言、副语言对信息进行加工、再创造，通过媒介进行大众传播。这个过程不是简单的见字出声，而是在理解、感受基础上的二度创作。丰富合理的想象，真挚充沛的情感，圆润优美的声音，准确贴切的表达，才能清晰明了、词约义丰，实现有效传播，展现有声语言的艺术魅力。金重建在《播音主持艺术导论》中提到，“播音主持是一种艺术创作，是一种文字语言和内部语言的转化活动。这种转化不仅仅是声音的转化，更是理性的提升，情绪、情感的转换”[①]。

信息共享、认知共识、愉悦共鸣是有声语言的三个层次，播音主持创作在实现了信息共享、认知共识的传播目的之后，必然进入对美学理想的追求，期待愉悦共鸣。愉悦是一种美感，这个审美期待的实现，有赖于语言传播的美感营造。播音主持创作艺术属性的彰显，主要体现在四个层面：音声美、意蕴美、分寸美和韵律美。张颂在《播音主持艺术论》中认为：“如果真的做到了‘辞达’，展现了语言的音美、意美、情美，使语言进入民族化、风格化、意境美、韵律美的境地，发挥语言的言事省人、言理服人、言情感人的精妙作用，语言创作主体和接受主体都可以获得审美愉悦。”[②]

---

① 金重建. 播音主持艺术导论[M]. 北京：中国传媒大学出版社，2016：28.

② 张颂. 播音主持艺术论[M]. 北京：中国传媒大学出版社，2009：358.

二、播音员主持人身份的特殊性

（一）媒体传播中的最后一环

1. 直接关系传播效果如何

一个节目从报选题、审核、采访拍摄、后期制作到播出，是整个团队包括导演、策划、制片、监制、记者、编辑、摄像、录音、灯光、舞美、化妆、视频、音频等人员齐心努力的结果。而在这个团队中，处在最后一环直接面向观众、听众进行传播的就是播音员主持人，他们是节目制作中心、编辑部与观众之间的桥梁，也是最关键的一环。通过这一环，大家辛苦付出的结晶就可以呈现在受众面前了，而对于最终呈现效果如何，受众是否认可，播音员主持人起到了至关重要的作用。

俗话说“三分诗，七分读”，这句话表达的意思不仅仅是以数量判定写诗和读诗的关系，而是在强调读诗绝非等闲之事，必须具备相应的文化底蕴，下足功夫，方能读出“诗意”，体现诗的价值和写诗的匠心，达到读写相互成就的效果。在一个节目中，播音员主持人能否将制作团队要呈现的意思表达出来，将稿件中无声的文字转化为生动形象、准确恰切的有声语言，尤其是那些“言外之意”“弦外之音”是否表达清楚、到位十分重要。播音员主持人对政策分寸的把握、舆论导向的坚持、话语身份的拿捏、语言表达技巧的合理使用以及对节目主旨的深刻理解都直接关系着节目播出的效果。

2. 节目的把关人

“把关人”又称“守门人”。“把关人”（gatekeeper）的概念最早是美国社会心理学家、传播学奠基人之一库尔特·卢因 1947 年研究群体中的信息流通渠道时，在《群体生活的渠道》一书提出的。

播音员主持人处在节目制作的最后一环，于是他们又有了一项神圣的使命——“把关”。虽然一条新闻、一期节目已经经过层层审核，但是有些内容不亲自上嘴“念一念”“读一读”，可能还真发现不了问题，因而在最后播出的关口，就要播音员主持人根据主流价值观念、自身的政治素质以及工作经验充分发挥把关作用了。

随着直播在节目中的广泛应用，电话连线、视频连线、现场访谈等双向交流的节目越来越多，现场出现任何突发状况都需要播音员主持人及时反应、随时把控。在直播连线过程中准确、及时地提取关键语，排除冗余信息，适时地进行引导、补充是保证直播顺利进行的关键。曾经在某电台的播出过程中，一位听众通过热线电话发出一些不和谐的声音，值班主持人及时打断对方谈话并成功将话题转移，保证了节目的无事故播出。在访谈类节目中更是如此，主持人不仅要调动谈话参与方的积极性，活跃现场气氛，还要控制谈话方向及话语核心，并且合理分配各方的话语权，使节目顺利进行。

（二）播音员主持人自身的号召力

戴维·桑德曼指出，当我们说到“大众媒介”的时候，往往不仅指大众传播的渠道，而且指这些渠道的内容，甚至还指那些为之工作的人们的行为。[①] 播音员主持人作为大众传播的最后一环，位置至关重要。

1. 主持人的品牌效应

节目主持人是固定出现在节目中对节目进行组织、串接，对嘉宾

① 张卓. 主持人在大众传播中的影响[J]. 华章，2011(1)：214.

进行访问及向受众传递信息的人，主持人作为节目不可分割的重要组成部分，是节目风格的塑造者、体现者。主持人作为节目的代言人，常与节目联合形成一个固定的形象，这种形象的固定性也造就了主持人的品牌价值，进而产生品牌效应。

由于主持人在节目中发挥着重要作用，受众说起某档节目就会马上想到和它相关联的某位主持人。比如说起《新闻联播》受众会想到罗京、康辉，说起《焦点访谈》就会想到敬一丹，说起《新闻周刊》《新闻1+1》就会想到白岩松，甚至说起湖南卫视我们会想到汪涵、何炅，说起江苏卫视会想起孟非，等等。节目是主持人的依托，为主持人提供了展现个人魅力的平台；主持人是节目的体现者、代表者和主导者，主持人本身也具有品牌效应，是文化产品传播的重要媒介。比如网络节目主持人大鹏，他的脱口秀节目《大鹏嘚吧嘚》及系列网络短片《屌丝男士》受到了广大网友的欢迎，他本人也收获了大批粉丝。2015 年，第一次执导电影的大鹏凭借《煎饼侠》，取得上映 17 天票房即突破 10 亿元大关的成绩。他成功地利用主持人的品牌效应，创造了中国电影市场的“奇迹”，成为中国电影史上最赚钱的导演之一。虽然“奇迹”票房的背后，有利用互联网、新媒体“接地气儿”的营销战略，并且有万达影业作为投资方贡献的海外票房，但如果没有大鹏本人的品牌效应，没有他的个性魅力和网络号召力，这个“奇迹”是不可能出现的。

2. 播音员主持人的强大社会影响力

播音员主持人凭借大众传播的天然优势，可以“随意出入寻常百姓家”，甚至成为人们关注的“焦点”，尤其是那些深受观众信赖的节目主持人，如果在威望、资历、专业、学识、才华上出众，则可信度更高。在传播过程中，很多国家的节目主持人都拥有极高的公信力和影响力。比如因报道第二次世界大战而影响美国人的思想，甚至在美国由中立到参战的态度转变中发挥了巨大作用的爱德华·默罗，因抨击越南战争而成为美国人最信任的主持人沃尔特·克朗凯特等。

我国也有很多出色的播音员主持人凭借在节目中成熟、稳定、出色的表现，成为受众心中可以信赖的偶像。比如崔永元以其善于倾听的平民姿态俘获大批观众的心。早在2006年，为纪念红军长征胜利70周年，时为中央电视台主持人的崔永元发起并倡导了“我的长征”活动，仅仅5天，报名人数就超过5 000人，其中有学生，有歌手，有白领，有农民，有年过半百的军人，有社科院的教授，从报名的人数和参与的群体就可以看出，崔永元在当时具有的强大号召力和影响力，哪怕后来崔永元离开央视之后依然拥有固定的粉丝群体。

中央广播电视总台《新闻联播》的主持人康辉以稳健的播音风格、正直可信的做事态度赢得了广大受众的喜爱。工作之余，他还担任“红丝带健康大使”，利用自身的影响力，提高公众对艾滋病的关注度，开展传播防艾反歧视知识、提高人们人文素养的宣传活动。这样出色的主持人在我国还有很多。

现在随着微信、微博以及各种直播App的普及，绝大多数播音员主持人拥有数量非常可观的粉丝群体，他们发送的消息常会获得很高的点击量，再加上网友的裂变式转发，影响力巨大。

播音员主持人是有着强大话语影响力的群体，因此，在播音员主持人的储备人才培养过程中，要格外注意其政治素养、语言功力、新闻敏感及传播意识等方面的培养。

三、播音主持人才培养过程及落脚点的特殊性

播音员主持人在播音主持创作活动中要坚持正确的创作道路：

“站在无产阶级的党性和党的政策的立场上，以新闻工作者特有的敏感，把握国内外形势的发展变化和人民群众的思想实际，准确及时地、高效率、高质量地完成‘理解稿件—具体感受—形之于声—及于受众’的过程，以积极自如的状态在话筒前进行有声语言的创造，达到恰切的思想感情与尽可能完美的语言技巧的统一，达到体裁风格与声音形式的统一，准确、鲜明、生动地传达出稿件的精神实质，发挥广播电视教育和鼓舞广大人民群众的作用。”①

仔细分析播音主持的正确创作道路，可以看出对播音员主持人的要求是：过硬的政治素质、深厚的语言功力、良好的艺术修养、较强的新闻敏感和传播意识以及扎实的文化功底。因此，院校在培养播音主持人才时就要从以上几个方面着力，区别对待，因地制宜，因人而异。

（一）过硬的政治素质

“公民的政治素质是一个复合的概念，包括多种要素，如政治认知、政治情感、政治态度和政治能力等，特别是政治认知、政治情感和政治态度，它们影响到公民的政治行为，甚至是公民政治能力的提高，它们是政治公民个体行为的基础。”②

播音员主持人是党和政府的喉舌，是党的新闻工作者。2004 年 12 月国家广电总局颁发的《中国广播电视播音员主持人职业道德准则》指出：“广播电视是当今最具影响力的大众传媒之一，是党、政府和人民的喉舌。……广播电视播音员主持人所从事的事业，担负着传播先进文化，弘扬民族精神，维护国家利益，促进经济社会发展，推动人类文明的崇高使命和社会责任。”播音员主持人要“热爱祖国和人民，

---

① 张颂. 播音创作基础[M]. 3 版. 北京：中国传媒大学出版社，2011：2.

② 时延春，等. 公民政治素质研究[M]. 郑州：郑州大学出版社，2005：1.

珍视国家和人民赋予的权力，全心全意为人民服务，为社会主义服务，为党和国家工作的大局服务”，“忠诚党的新闻事业，坚持党性原则，坚定执行党的路线、方针、政策”，“自觉遵守宪法和法律、法规”，“保守国家秘密”，“真实报道新闻，正确引导舆论，努力传播知识，热情提供服务，不断满足广大人民群众的精神和文化需要”。①

因此，在工作中，播音员主持人有义务宣传马克思列宁主义、毛泽东思想、邓小平理论、“三个代表”重要思想、科学发展观、习近平新时代中国特色社会主义思想，有义务向全党、全军和全国各族人民宣传党的路线和方针政策、政府的所有重要举措。播音员主持人自身要有较高的政治理论水平，正确的世界观、人生观、价值观。在节目现场，主持人对于哪些话该说，哪些话不该说，哪些问题可以开展互动讨论，哪些问题需要转移搁置，是要有过硬的政治素质做支撑的，否则就可能迷失自我，犯下不可弥补的错误。

2003 年 2 月 25 日凌晨，湖南人民广播电台节目主持人罗刚在直播谈话节目《心灵之约》中，针对一个自称日本留学生听众的挑衅及语言上的侮辱进行了反驳，并在节目结束时播放了一曲《大刀进行曲》（又名《大刀向鬼子们的头上砍去》）。节目播出后，引发了听众尤其是青年听众的强烈不满，主持人罗刚因工作失误遭到了“下课”的处罚。不少听众为罗刚感到惋惜，他的失误在于没有及时切断电话，给“不和谐”的声音提供了传播平台，究其根源就是作为大众传播者的他缺乏政治敏感，政治素质不过硬。

正是由于播音员主持人工作岗位的特殊性，在人才培养的过程中，才尤其要注重政治素质的培养。俗话说“无德无才是废品，有德无

① 中国广播电视播音员主持人职业道德准则[EB/OL].(2004-12-28)[2019-06-09]. http://www.CCTV.com/profile/special/C17724/20070228/102601.shtml.

才是半成品，有才无德是危险品，有德有才是精品”。对于播音员主持人来说，如果没有过硬的政治素养，那就是“危险品”。

（二）深厚的语言功力

播音员主持人是一档节目的灵魂，不管是谈话类节目、播报类节目还是综艺类节目都是如此，播音员主持人需要有深厚的语言功力才能很好地适应工作岗位的需要。深厚的语言功力并不只是圆润的吐字、通畅的气息、悦耳的声音，语言功力为“语言的功底和能力”，包括“宏阔精微的观察力、融会贯通的理解力、深刻灵动的思辨力、意象整合的感受力、精妙高超的表现力、条分缕析的鉴赏力、随机应变的调检力、应付裕如的回馈力”。① 这些能力都是相互作用、互为补充的。当前，有的播音员主持人理解能力、感受能力不错，但表达起来平淡无味，缺乏交流感；有的人有声语言表达得生动感人，可是一旦没有稿件作为依托，就说不成句或说不到位，语言组织能力太弱。在节目形态日益丰富、表达样式更加多样的今天，如果播音员主持人语言功力不深厚，在主持节目时难免会遇到捉襟见肘的情况。

语言功力主要在思维、交际、传播三方面发挥重要作用，思维、交际和传播是通过语言功力来整合，达到传播效果的。从功能上讲，语言是思维的工具，如果一个人语言功力不够深厚，那么他的思维不可能清晰。当然，如果没有语言功力，交流效果也会大打折扣，更谈不上传播效果了。

语言功力是播音主持创作者的特殊能力，也是播音主持教学的核心。所以在播音主持人才培养过程中就要着重培养学生的语言功力：

---

① 张颂. 播音创作基础[M]. 3 版. 北京：中国传媒大学出版社，2011：157.

在生活中对世界、社会、事件及自身的观察能力;通过储备丰富多样的知识达到融会贯通的理解力;多角度、全方位、"打破砂锅问到底"的思辨能力;"感知于外,受之于心",丰富细腻的感受力;恰切、自如、精妙、高超的表现力;深入了解、具体分析的鉴赏力;"见微知著""敏于应变",时刻把准航向和进程的调检力;借用对象"回馈"的信息不断激发新鲜创作愿望的回馈力。

(三)良好的艺术修养

什么是艺术修养?"所谓艺术修养是指一个人对艺术规律及其特点的理解、感悟程度,这种理解、感悟程度是建立在对社会敏锐的洞察力、对人生内涵的认识以及对众多艺术典型深刻剖析的基础上的。"①

"艺术以其特有的价值,对丰富主持人的情感、塑造主持人的心灵、陶冶主持人的情操、培育主持人的美感,具有十分重要的作用。"②良好的艺术修养不仅可以提升节目的品位,增加美感,还可以丰富节目的文化内涵。

正如陆游在《剑南诗稿》里提到的"功夫在诗外",播音员主持人在工作中主要运用的是有声语言艺术,然而又不能局限于语言艺术,还应该广泛涉猎其他艺术门类,达到兼容并蓄、触类旁通的效果。良好的艺术修养不仅要求主持人的语言美、声音美,还要求着装造型美、精神气质美,并且还要对音乐、灯光、舞台、曲艺、剪辑等姊妹艺术有所了解。如在舞台朗诵中需要有声语言与音乐、灯光、舞台效果相配合,只有在生活中有所涉猎、广为积累,有一定的艺术基础,才能更好地在语气、节奏及副语言的使用上完美配合。再如,对于语言艺术来说,服

---

① 沈鹏飞. 文体播音教程[M]. 杭州:浙江大学出版社,2002:245.

② 肖建华. 主持人文化底蕴[M]. 武汉:华中科技大学出版社,2006:240.

装造型是一种无声的语言，然而服装造型是否恰切，是否与节目融为一体，色彩的搭配与节目风格是否协调，妆面的选择与仪态是否一致，这些都关系着节目最终呈现的效果，都与主持人的艺术修养直接相关。

在播音主持人才培养过程中，增加鉴赏文学经典作品的课程、经典影视作品欣赏课程的同时，在选修课程中开设表演、话剧、音乐课程，有助于学生养成多读、多听、多看的习惯。营造积极有趣的文学艺术氛围，让学生多接触各种艺术形式和艺术流派，有助于培养学生的审美趣味，扩大欣赏视野，提高艺术修养。

（四）较强的新闻敏感和传播意识

新闻敏感通常被称为“新闻嗅觉”“新闻鼻”“新闻眼”，是指“新闻工作者敏锐地发现新闻线索、迅速挖掘新闻素材、及时地判断新闻价值的能力”。[①] 这种敏感是新闻工作者在长期的新闻实践中练就的一种本能反应。播音员主持人作为新闻工作者，需要具备发现新闻价值并加以分析和思考的能力。

播音主持工作是广播、电视传播工作流程中的最后一环，也是最重要的一环。前期没有被发现的任何细小的、影响传播效果的问题，都会压在播音员主持人这一环来发现和处理。播音员主持人的新闻敏感度及新闻素质的高低直接影响着节目的质量。新闻敏感不仅体现在新闻内容的选择上，而且还体现在访谈过程中对新闻事件进一步的发现和挖掘上，体现在直播连线提问的角度和问话方式上，体现在播报过程中对内容、层次的把握上，体现在停连、重音、语气、态度的

① 柳邦坤. 当代新闻采访与写作教程[M]. 武汉：武汉大学出版社，2012：32.

表达上。康辉在一次矿难抢救直播视频连线中的表现，就很好地体现了播音员的新闻敏感和传播意识。当时记者正背对救援现场进行报道，当记者在报道目前已经救出的伤员人数时，画面中又有一人被救出，此时康辉及时打断记者的报道，补充道："我们通过画面可以看到，在你报道的同时又有一人获救，截至目前总共有 68 人获救了，真的是一个好消息，稍后我们会继续连线了解救援情况。"他的及时补充真正实现了新闻"对正在发生的事实的报道"。作为播音员主持人，不仅需要有扎实的传播学理论基础和业务实践能力，还要适时地了解国情、党情、民情，具有过硬的政治素养、文化底蕴、法律基础和语言功力。

新闻敏感和传播意识不是与生俱来的，需要后天的培养和积累。首先，播音主持人才在接受培养的过程中就要掌握并加强辩证唯物主义学习，认真学习并领会党的纲领、路线、方针、政策，只有这样才能正确地判断新闻事实本身的政治思想意义，培养自身的政治敏感；其次，还要结合实际，深入思考，学会从全局看问题，养成分析、比较的思维习惯，培养逻辑思维能力；最后，不断完善知识结构，丰富知识储备，做一个新闻传播领域的"杂家"。如范长江所说，拥有广博的知识、丰富的思想、广阔的活动天地，这对于一个记者来说是非常必要的。播音员主持人亦如是。

（五）扎实的文化功底

播音员主持人不仅是新闻工作者，向受众发布新闻、传递信息，同时又是文化传播者，肩负着传播先进文化的重要使命。播音员主持人文化素养的高低，直接影响着电视节目质量的优劣。"腹有诗书气自华"，扎实的文化功底是播音员主持人智慧的源泉、魅力的根基，也是播音员主持人职业生命能够旺盛持久的原因所在。深厚的文化底蕴不仅使播音员主持人在理解稿件时深入、透彻，在具体感受时丰富、细腻，更重要的是在表达时能够通过选择恰切的词语和所传达出来的文化品位，使其在播读、表达、沟通、访谈、表现等方面更胜一筹。正如张颂在《播音创作基础》中所说："高明的创作主体独具慧眼，另辟蹊径，能够道人之所未道，使文本的表面意思深化，恰似别有洞天。这，绝不是孤陋寡闻、腹内空空所能达到的境界。"①

语言是文化的载体，语言的文化内涵使人们在获得信息的同时，引发审美想象、得到文化的陶冶和美的享受。鲁景超在《播音主持语言的文化功能》中认为："语言是内心思想的外化，其内容、技巧、风格的选择和运用，传递着传播者的价值取向、审美追求和文化自觉。播音员主持人的文化敏感和民族使命感，不仅体现在'播什么'上，而且还体现在'怎么播'上。"②

播音员主持人以有声语言为主要工具来传递信息，播音主持语言作为具有强大文化影响力的语言传播力量，理应承担起传承中华文化的神圣使命。

在播音主持人才培养过程中，培养单位要注意在提升学生专业素质的同时，夯实文化基础，通过设置相应课程或者开展讲座、沙龙、活动等形式，加强学生在文学、历史、哲学、艺术等人文科学和自然科学方面的教育，拓展学生的知识广度，提高学生的文化品位、审美情趣。

---

① 张颂. 播音创作基础[M]. 3版. 北京：中国传媒大学出版社，2011：158.

② 鲁景超. 播音主持语言的文化功能[M]. 北京：中国传媒大学出版社，2016：48.

本章小结

著名教育家潘懋元认为,人类社会一切教育形态都具备鲜明的历史性和特殊性。

所谓历史性是指教育因循一定的历史脉络,每一个时代会针对特定的教育目的,对教育内容、教育手段予以更新和完善。把握教育历史能够清楚认识教育发展规律,以史为鉴,以推进教育变革和教育现代化。播音主持教育同样具有鲜明的历史性,本章对不同阶段、不同文献中关于播音教育历史的概述进行分阶段梳理,并加入新时期发展演进的内容,做到了对播音教育的全面盘点、系统梳理。这为播音教育规律的发现和未来走向的指引奠定了基础。

所谓特殊性,是站在播音主持人才培养所依托的社会环境、时代背景以及实践现状的基础上进行的综合判定。也就是说,播音教育源于自身的学科专业属性,有着区别于其他人文社会科学的特质。只有精准定位人才培养的特殊性,才能在具体的人才培养方案及模式中予以贯彻和落实,从而输送与社会发展需求共时同步的人才。本章首先从人才培养的起点出发,认为播音主持人才的特殊性体现在播音主持创作活动的特殊性和播音员主持人身份的特殊性两个方面,为培养过程设计提供参照标准。其次又从过硬的政治素质、深厚的语言功力、良好的艺术修养、较强的新闻敏感和传播意识以及扎实的文字功底等层面具体探讨了播音人才培养过程以及落脚点的特殊性,进一步深化对播音主持教育整体性的认知与宏观把握。

第二章　播音主持人才培养的目标及方向

2016年12月7日至8日，全国高校思想政治工作会议在北京召开。习近平总书记强调，高校思想政治工作关系着高校培养什么样的人、如何培养人以及为谁培养人这个根本问题。中国传媒大学播音主持艺术学院历年来一直秉承着培养“有社会担当、有人文精神、有家国情怀”的党的新闻工作者的理念，在人才培养过程中自觉贯穿马克思主义新闻观。从齐越、夏青等老一辈播音员到如今的康辉、海霞等年轻一代播音员，一次次准确无误的播音，一次次圆满完成的任务，播音员主持人始终与人民的命运紧密相连，与祖国的命运休戚与共。中国传媒大学播音主持艺术学院大批优秀毕业生已经成为中央及省级媒体的中坚力量，历届毕业生一脉相承的是对党的新闻事业的忠诚。自改革开放以来，媒体的发展变化是极其迅猛的，尤其是近十年的变化超出我们的想象，新媒体已经以势不可当之势成为媒体发展中的一股强劲力量，并且推动了当今媒体格局的改变。在媒体变革的当下，关于“为谁培养人”“培养什么人”，中国传媒大学播音主持艺术学院对这一问题有思考，也有坚守。

本章将对中国传媒大学播音主持艺术学院毕业生的调查数据进行分析，并结合历年培养目标的变化来分析其人才培养的发展变化。

第一节　人才培养应该符合时代需求

——数据带给我们的思考

媒体是信息传播的介质，即宣传的载体或平台。传播介质从最初以报纸、广播、电视等为代表的传统媒体转化到如今以网络视频、社交媒体等为代表的新媒体，充分印证了媒介技术日新月异的发展轨迹。全方位、宽口径、多领域、智能交互的媒介平台使得受众时刻处在多元信息的裹挟之中。媒介变局中的转型突围亟须人才的培养工作有所“变”有所“不变”，应对受众选择空间拓宽和接受度改变带来的考验。

一、媒体发展对人才培养的带动、促进作用

媒体发展与播音主持人才的培养是辩证统一、双向互动的关系。一方面，人才素质的提升与培养思维的进化为动态演化的媒体平台提供与之相匹配的人才；另一方面，媒体的发展呼唤人才培养模式的转变。我们从媒体发展的历史进程中可以探寻到这种辩证逻辑。

虽然播音主持人才的培养不能仅仅只是为了满足媒体发展的需要，但不可否认的是，媒体的发展带动和促进了播音主持人才培养的发展变化。

新中国的成立为广播事业的发展奠定了良好的政治经济基础，人

民广播进入了蓬勃大发展的时期。康荫在《中国人民广播事业四十五年》一文中说到:“新中国的诞生,为人民广播开辟了广阔发展的道路。无论是中央和地方广播、对内和对外广播、无线和有线广播,都发展得很快;并创建了电视广播,初步建立起全国性的宣传网。”[①]姚喜双在《播音学概论》中说到这一阶段广播事业的发展时这样描述:“1949 年 10 月 1 日新中国成立,当时,全国的广播电台已发展到 40 多座,并具备了一定数量的播音队伍。随着广播事业的蓬勃发展,人民播音也进入了一个生机勃勃的大发展时期。”[②]

但是由于国际国内斗争的尖锐复杂,20 世纪 50 年代中后期“左”的倾向较为严重,党在指导思想上有过一些失误,我国的广播电视事业受“左”倾路线的影响,走过弯路,几经波折,但还是取得了不小的成绩。1961 年,党的“调整、巩固、充实、提高”八字方针对广播电视宣传事业重新进行了检查和调整,各项工作都有新的发展和改进。从播音质量来看,这一时期各地播音部门制度严格健全,同时开展多种多样的业务学习,播音质量明显提升。从播音员队伍建设方面来说,不少播音员经过工作实践磨炼已经广受听众欢迎,如齐越、夏青、林田、费寄平、陈醇、关山等,20 世纪 60 年代初,方明、铁成、雅坤、徐曼、虹云等也开始崭露头角。“1957 年以后,地方广播事业有了很大的发展,新建了一批中等城市电台。1957 年广播电台有 61 座,到 1962 年初,全国地方电台发展到 145 座。”[③]1958 年 5 月,我国第一座电视台——北京电视台开始试播,最早是由中央台和北京台的播音员代播,没有专

① 康荫. 中国人民广播事业四十五年[G]//《中国广播电视年鉴》编辑委员会. 中国广播电视年鉴 1986. 北京:中国广播电视出版社,1987:29.

② 姚喜双. 播音学概论[M]. 北京:北京广播学院出版社,1998:205.

③ 徐光春. 中华人民共和国广播电视简史:1949—2000[M]. 北京:中国广播电视出版社,2003:108.

职的播音员。1959年1月1日，西藏人民广播电台开始播音。至此，各省、自治区、直辖市都有了广播电台。

北京广播学院播音专业建立初期，播音人才的培养主要是为了满足各地对于播音员的急切需求，这一情况在很多资料中可以得到证实。前面已经有过论述，此处仅就采访、问卷调查进行补充说明。

在1963级校友返校聚会时，我们对他们进行了问卷调查（调查问卷具体内容见附录一），问卷回收率为百分之百。在“您最初的就业意向是？”这项调查中，“电台”占到80%，“电视台”占10%，创业、其他选项占10%。在现场的采访中笔者发现，实际上那一届基本都是去了电台。当时毕业去了湖南人民广播电台的宋秀兰在接受采访时说：“当时我们那时候还没有电视，只有广播，都是在电台。”

1974级毕业生，后留校任教的马桂芬在接受采访时说：“那个时候没有电视，只有广播，培养的人才没有具体细分，全是一样的。”

改革开放以后，广播电视进入了快速大发展的时期，各地的广播电视机构如雨后春笋般成长起来，节目内容也逐渐丰富，从《中国广播电视年鉴》关于广播电视机构的数据统计就可以初见广播电视发展的势头。《中国广播电视年鉴》是我国第一部广播电视百科全书，较为全面、系统、翔实地记录、介绍了我国广播电视事业发展过程，是客观记述中国广播电视事业基本情况和发展变化风貌的大型资料性年刊。我们从中选取了1985年、1995年、2005年、2010年这几个节点的数据进行对比。

1985年全国广播电视机构共有415座，其中各级广播电台共213座，电视台202座；1995年全国共有广播电视机构2 039座，其中广播电台1 202座，电视台837座；2005年全国广播电视播出机构共有2 557座，其中广播电台273座，电视台302座，广播电视台1 932座，教育电视台 50 座;2010 年全国共有广播电视机构2 654座,其中广播电台 251 座,电视台 272 座,广播电视台2 087座,教育电视台 44 座。见图 2-1。

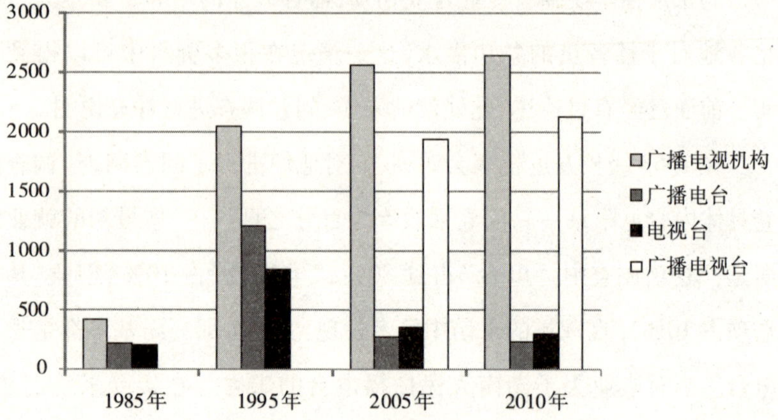

图 2-1　广播电视机构数量对比图

《中国广播电视年鉴》中还有关于节目播出时长、节目覆盖面、开播频道数量、类型等的记载。改革开放以后,广播电视进入了快速大发展的时期,各地的广播电视机构如雨后春笋般成长起来,节目总时长大幅增加,节目内容和类型也逐渐丰富,遗憾的是有些年份数据不够翔实,所以没有被列为对比项。虽然单纯从广播电视台的数量上不能完全反映我国广播电视事业的发展,甚至在 2007 年左右由于新媒体的兴起,广播电视机构数量有轻微的收缩现象,但是从大的时间跨度上来看,《中国广播电视年鉴》中关于广播电视机构的数据统计可以反映广播电视等传统媒体的部分发展脉络。

广播电视事业的蓬勃发展带动了播音主持人才培养体系的完善。伴随人才培养目标从最初为各地培养新闻播音员到后来为广播电台、电视台培养播音员主持人的转变,中国传媒大学播音主持艺术学院的招生标准也相应地从"有声、上像、内涵深"到"上像、有声、内涵深"进行改革，同时在教学及课程设置中开始考虑上镜状态的调整和培养问题。

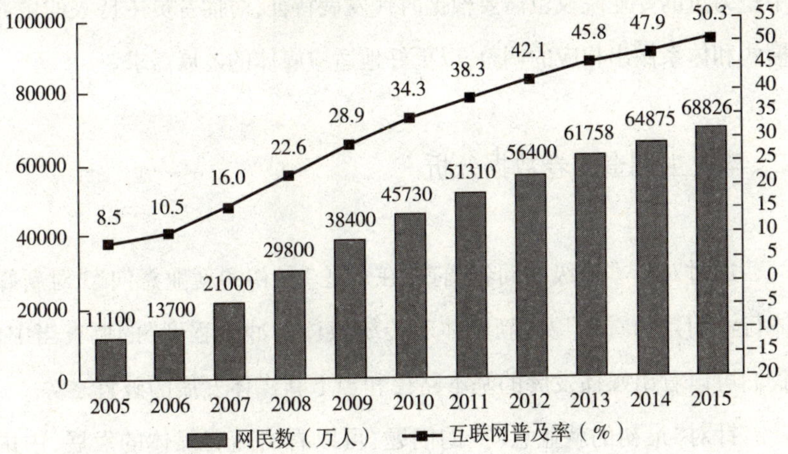

图 2-2　中国网民规模和互联网普及率

中国互联网络发展状况统计报告显示，截至 2015 年 12 月，我国网民规模达 6.88 亿，全年共计新增网民3 951万人。互联网普及率为 50.3%，较 2014 年年底提升了 2.4 个百分点。① 见图 2-2。新网民的不断增加，使互联网与经济社会深度融合的基础更加坚实。“2016 年 10 月 31 日，腾讯公布 2016 年第二季度及中期业绩报告。数据显示，微信和 WeChat 合并月活跃用户数达 8.06 亿，同比增长 34%。”②从微博、微信、新闻客户端到视频网站的蓬勃发展，新媒体逐渐成为媒体形态的一股强大力量，在我国信息产业中产生巨大影响。媒介技术、媒介平台与人才素质应当相匹配、相适应。在新的传播方式下，传媒人才

① 中国互联网络信息中心. 第 37 次中国互联网络发展状况统计报告[R/OL].（2016-01-22）[2019-03-15]. https://www.cac.gov.cn/2016-01/22/c_1117858695.htm.

② 腾讯公布第二季度财报，微信月活跃用户数量破 8 亿[EB/OL].（2016-08-17）[2019-03-20]. https://www.sohu.com/a/110953378_452698.

的涵养、魅力、审美、语言样式、思维能力、媒介素养、表达方式、传播身份也应在对基本功的坚守中有所创新。融媒时代，作为播音主持人才培养中坚力量的专业院校也需要根据时代发展特征，对播音员主持人的培养模式和体系做出相应的调整，以更好地适应媒体的发展需求。

二、毕业生调查问卷数据分析

通过对样本班级的问卷调查，在命题“最初的就业意向”“对新媒体行业前景的看法”及“新媒体对传统媒体的冲击程度”的调查当中，我们可以看出媒体发展的基本路径和当下新媒体发展的破竹之势。

针对“最初的就业意向”的问题，可以看出随着媒体的发展，中国传媒大学播音与主持艺术专业的毕业生就业趋向多元化，新媒体领域逐渐受到关注。

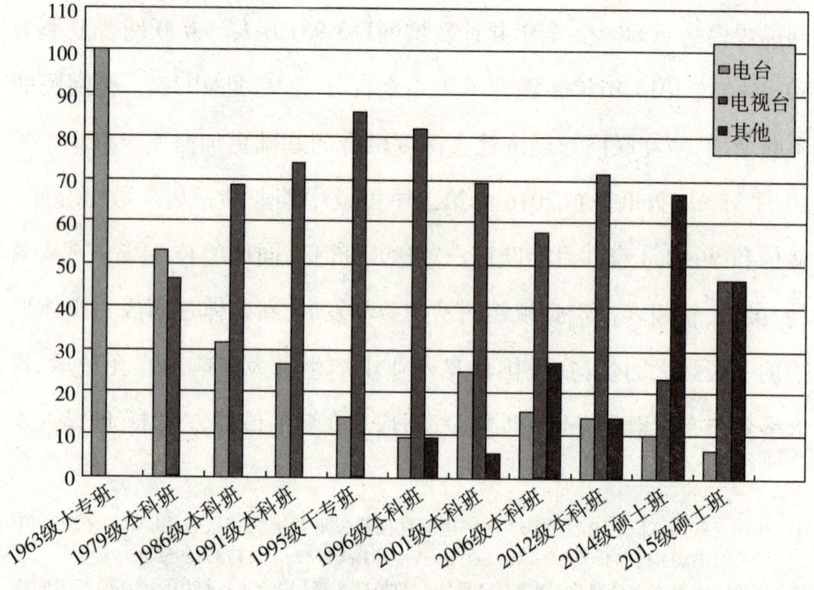

图 2-3　样本班级最初的就业意向

通过图2-3可以看出，选择的样本班级（1963级大专班、1979级本科班、1986级本科班、1991级本科班、1995级干专班、1996级本科班、2001级本科班、2006级本科班、2012级本科班、2014级硕士班、2015级硕士班）的就业选择也基本反映了媒体的发展轨迹。1963级的毕业生100%选择电台，因为那时候电台普及率最高，也正在迅速发展，当然也最需要播音主持人才。而到了1979级本科班和1986级本科班，选择电视台的比例就大幅增加了，且这种状况在1991级本科班、1996级本科班达到最盛，从这一个角度也说明了20世纪90年代电视业的发展盛况。从1996级开始，择业选项中出现了“其他”（这里面包括新媒体、高校、创业等选项），而且所占比重大致呈逐年递增的趋势。这一就业发展趋向与新媒体在我国的发展轨迹基本吻合。1998年左右，我国四大门户网站（新浪、网易、搜狐、腾讯）相继出现，并作为传媒领域的新生力量，打破固有的传媒格局。伴随着科技的发展，博客、微博、微信等媒介产品相继问世，以高普及率和强交互性助力新媒体发展；在针对当时刚刚毕业和即将毕业的2014级硕士研究生、2012级本科生和2015级硕士研究生的问卷调查中，被调查者选择“其他”（这里面包括新媒体、高校、创业等选项）一栏的数字逐渐上升且占较大比例，这说明新媒体、高校、创业等方面也逐渐受到更多毕业生的青睐。虽然电视台作为主流传统媒体依然是大多数毕业生的就业首选，但新媒体日新月异的发展及日渐凸显的重要地位已开始影响部分毕业生的选择。

这一现象通过后面的采访也得以显现。中国传媒大学播音主持艺术学院负责学生就业工作的陈卓说：“大约是2007、2008年开始有网络电视台来学院招聘，紧接着有部分学生去腾讯、新浪工作，等到2009、2010级毕业时，去一些门户网站工作的学生越来越多。”2009级毕业生彭小冉毕业后选择进入新媒体，担任爱奇艺自制节目《爱奇艺早班机》的主持人，工作两年后接受我们的采访，在被问到未来有何打算时说："我就希望自己能在互联网新媒体发展的大势当中去寻找一些规律，始终跟随行业的发展向前看，调整方向。在我看来，我肯定不会丢掉新媒体这个行业，虽然我可以涉足传统媒体，不论是去主持电视节目还是去做广播节目，但是个人精力有限，可能我主要的精力还是会放在对新媒体的研究上。"2014 级硕士研究生苗霖在乐视体育把自己的"评书式说球"进行得有声有色，毕业后他进入中央人民广播电台工作。

在调查问卷中，我们还设置了"对新媒体行业前景的看法""新媒体对传统媒体的冲击程度"等调查选项，结果如图 2-4、图 2-5 所示。

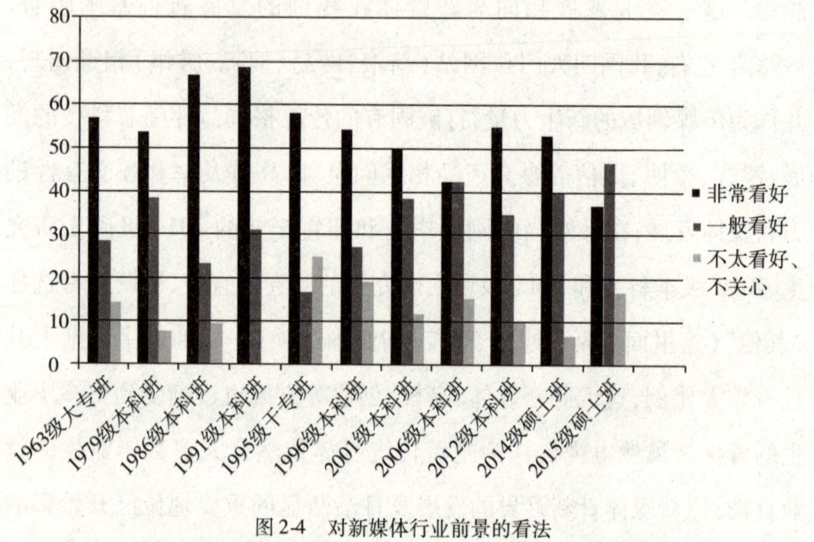

图 2-4　对新媒体行业前景的看法

通过数据可以看出，对于命题"对新媒体行业前景的看法"，"非常看好"和"一般看好"已经占据了绝对优势，而对于"新媒体对传统媒体的冲击程度"的看法统计中，冲击"很大"和"一些"也以 90% 以上的压倒性优势胜出。这些结果说明，被调查的绝大多数毕业生对新媒

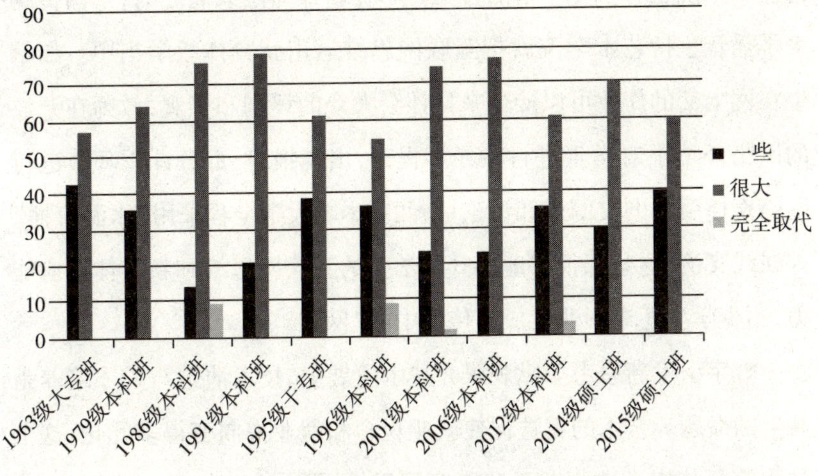

图 2-5　新媒体对传统媒体的冲击程度

体的发展前景相当乐观，他们也明显感受到新媒体对传统媒体造成的冲击与挑战。

这些变化又给被称为“播音主持人才成长摇篮”的中国传媒大学播音主持艺术学院带来哪些思考呢？中国传媒大学播音主持艺术学院院长鲁景超在《传媒变局对播音主持人才培养的影响和要求：基于对中国传媒大学毕业生的问卷与访谈》一文中说：“随着就业形势的泛媒体化，主持活动逐渐遍布当今不同的媒介形态，这对主持人角色与功能的定位、对播音主持类人才素质的要求已发生变化。如何培养好适应时代发展的播音员主持人已成为全新的课题。要在复杂多变的传媒从业环境中成为信息传播的开关性节点、促成有效沟通，学生群体必须提前培养互联网思维，积极更新、完善专业技能与素养。”①

“培养什么人”这个命题随着媒体的发展在中国传媒大学播音主

① 鲁景超. 传媒变局对播音主持人才培养的影响和要求：基于对中国传媒大学毕业生的问卷与访谈[J]. 现代传播，2016(4)：149-152.

持艺术学院也有了更丰富的含义。早在新媒体刚兴起之时，中国传媒大学播音主持艺术学院就把互联网思维运用到具体教学当中。如学生在网上交的作业可以接受来自社会大众的评判和围观，教师在开放的网络环境下对学生进行指导和提升，出镜报道、部分课程环节进行网络直播引起网友围观和讨论，新闻基本功大赛全程采用“水滴直播”并在线交流，这些都很好地提升了学生的互联网思维和新媒体适应能力，不少学生还未毕业就成了传说中的“网红”。

数字引发新思考。纵观媒介技术发展史，技术演进与人才培养是共生的命题。技术的更迭促使就业观念和就业去向变得多元化，这个过程需要传媒人才不断强化互联网思维，提升数字技术的运用能力，强化对优质内容的深耕，保证自身传播能力与技术平台相适应、相匹配；人才素质的不断夯实无形中也在助力媒介技术的创新扩散，源源不断地催生出构建人类命运共同体所需要的“新媒体”。随着互联网与数字媒体的广泛普及，毕业生进入了泛媒体时代，新的传播平台、传播方式和传播环境对人才的媒介素养、知识结构、传播能力都提出了新的要求。培养适应时代发展、适应媒体需要的播音员主持人对于专业院校来说是未来规划的重点。

第二节　从历届“培养目标”看人才培养的“变”与“不变”

一、历届“培养目标”的对比分析

本书研究的是播音主持人才培养模式，因此笔者查阅了中国传媒大学历年的人才培养方案，以期发现播音主持艺术学院人才培养的发展变化。据教务处老师介绍，学校的培养计划不是每年都更新的，而是国家教育方针有变化时学校才会有相应的变化。笔者目前能找到的中国传媒大学本科培养方案有 1999 年、2003 年、2005 年、2006 年、2009 年和 2014 年的资料。

1999 年《播音与主持艺术专业培养方案》的培养目标是：培养具备广播电视播音学、新闻传播学、语言文学以及艺术、美学等多学科知识与能力，能在广播电台、电视台及其他单位从事广播电视播音与节目主持工作的复合型应用语言学高级专门人才。

2003 年《播音与主持艺术专业培养方案》的培养目标是：培养具备广播电视播音学、新闻传播学、语言文学及艺术、美学等多学科知识与能力，能在广播电台、电视台及其他单位从事广播电视播音与节目主持工作及新闻报道、节目制作等工作的复合型高级专门人才。

2005 年《播音与主持艺术专业培养方案》的培养目标是：培养具备广播电视播音学、新闻传播学、语言文学及美学、心理学等多学科知识与能力，能在广播电台、电视台及其他单位从事广播电视播音主持工作及新闻报道、节目制作等工作的复合型新闻传播高级专门人才。

2006 年《播音与主持艺术专业培养方案》的培养目标是：培养具备广播电视播音学、新闻传播学、语言文学及美学、心理学等多学科知识与能力，能在广播电台、电视台及其他单位从事广播电视播音主持工作及新闻报道、节目制作等工作的复合型新闻传播高级专门人才。

2009 年《播音与主持艺术专业培养方案》的培养目标是：培养具备新闻传播学、中国语言文学、艺术学等多学科知识与能力，能在广播电视等传媒机构从事播音主持及其他新闻传播工作的复合型人才。

2014 年《播音与主持艺术专业培养方案》中明确专业的培养目标是：培养具备新闻传播学、艺术学、中国语言文学等多学科知识，语言传播能力强，能在广播电视、新媒体等各类传媒机构从事播音主持工作及相关语言传播工作的复合型人才。

虽然更早期的培养方案无法查证，但是关于播音与主持艺术专业的培养目标在一些文章和采访当中可以寻找到踪迹，主要是培养广播电视播音员主持人。

在论述培养目标的最终落点方面，1999 年是“从事广播电视播音与节目主持工作的复合型应用语言学高级专门人才”。

2003 年培养目标的最终落点是“从事广播电视播音与节目主持工作及新闻报道、节目制作等工作的复合型高级专门人才”。对比 1999 和 2003 这两年的培养目标可以看出其中的转变，从单纯的从事播音主持工作的复合型应用语言学人才，转向在新闻媒体中既能出镜报道又能制作节目的集采编播能力于一身的复合型人才，更加注重新闻素养和采编播能力的综合训练，而不仅仅是播音主持专业能力的提升。

2005 年培养目标的最终落点是“从事广播电视播音主持工作及新闻报道、节目制作等工作的复合型新闻传播高级专门人才”。与 2003 年相比增加了“新闻传播”的修饰语，也更明确了培养新闻传播人才的目标。这在具体人才的培养过程中也会有相应内容的调整。

2006 年培养目标的最终落点跟 2005 年一样，没有任何调整。而到了 2009 年，培养目标的最终落点改为“从事播音主持及其他新闻传播工作的复合型人才”，与 2006 年相比人才培养目标的内涵一下子扩展了很多。从修饰语可以看出，不仅仅是广播电视类的新闻传播的复合型人才，同时还包括了“其他新闻传播工作”的复合型人才，这时候媒体发展轨迹对应的是新媒体崭露头角、正在逐渐普及和快速发展的时候，人才培养目标做出这样的修改符合时代的发展和要求。

2014年培养目标的最终落点是“能在广播电视、新媒体等各类传媒机构从事播音主持工作及相关语言传播工作的复合型人才”，较之2009年的人才培养目标，2014年的人才培养目标已经明确地加上了“新媒体等各类传媒机构”，这说明新媒体已经成长为不可忽视的重要媒体力量。最近几年新媒体已经覆盖生活的方方面面，较大程度地改变了人们的收视和收听习惯。再来看最终落点是“从事播音主持工作及相关语言传播工作的复合型人才”，与2009年相比，把修饰语“其他新闻传播工作”改变为“相关语言传播工作”，不得不说人才培养的范畴又扩大了许多，播音主持人才普适性更强了。

从中国传媒大学播音主持艺术学院历届培养目标对比中我们可以看出，哪怕是一个极小的修饰语的改变，就需要有对应的一系列的课程和教学方式、方法的配合，每一次微小的调整都反映了时代需求的变化。对比这些年培养目标的变化我们可以看出一个明显的转变，就是从广播电视的“高级专门人才”向“播音主持及新闻传播复合型高级专门人才”再向“播音主持及相关语言传播工作的复合型人才”的转变，从某种程度上也可以说是从“精英模式”向“大众模式”的转变，这种变化是需要一系列的调整和配合才能做到的。

中国播音学是一个多学科、多层次的新兴交叉学科，涉及新闻传播学、语言学、文学、艺术学、社会心理学、哲学、美学等多种学科，通过“知识储备”“能力素养”目标的对比，可以看出，多年来中国传媒大学播音主持艺术学院一直注重多种能力、交叉学科能力的培养。从2009年开始把新闻传播学放在了第一位，2014年又把“语言传播力强”专门提炼出来，反映出社会对于播音主持人才需求的转变。

二、立足国家需要，一脉相承的人才培养定位

北京广播学院播音专业建立之初，为了满足各地广播事业的发展需要，为党和国家培养了大批优秀的播音员。几十年来，伴随着传媒事业的发展，中国传媒大学播音主持艺术学院（原北京广播学院播音系）始终秉承着为党和国家培养优秀播音主持人才的宗旨，立足国家发展实际，立足国家发展战略，不断培养党和国家需要的、符合时代要求的播音主持人才。

1952年12月2日，第一次全国广播工作会议在中央广播事业局召开。会议讨论了播音工作的性质、任务、作用、重要性，以及对播音员的要求和应学习的内容。对播音员的要求方面，提出："播音员不是传声筒，是有丰富政治情感和艺术修养的宣传鼓动家，要求每一个播音员都应是人民的喉舌，要使自己的声音真正表现出伟大的中华民族的气魄，他要使自己广播的一言一句都深深打动人心。"①左荧在《播音是一种语言艺术活动》一文中明确指出："我们的播音员不论他是党员、团员或者是一般的革命工作者，实际上都在执行着党的宣传员的任务。因此，播音员首先就应该努力使自己成为党的最出色的宣传员之一。"②1959年，吴玉章参观广播大楼和中央台播音员见面时说："播音工作是个重要的工作，把党的文件的精神，通过语言正确、生动地传达出去，会起很大作用。"③这些文献不仅对当时的播音工作建设发挥了重要作用，也为播音人才的后续培养奠定了基础，明确了方向。

---

① 张颂. 中国播音学[M]. 2版. 北京：北京广播学院出版社，2003：19.

② 赵玉明. 风范长存：左荧纪念文集[M]. 北京：中国传媒大学出版社，2005：85.

③ 张颂. 中国播音学[M]. 2版. 北京：北京广播学院出版社，2003：23.

回顾人民广播的历史，从徐瑞璋、钱家楣、齐越、夏青到铁成、方明、罗京、李瑞英再到如今新一代的播音员主持人康辉、海霞、李梓萌、刚强……历代播音员主持人一脉相承的优良传统，是对党的新闻事业的赤胆忠诚。

改革开放以来，科技的进步也促进了传媒业的蓬勃发展，尤其是近几年新媒体的异军突起，对播音主持人才培养提出了新要求。中国传媒大学播音主持艺术学院紧跟时代发展，不断丰富教学内容、完善教学体系、创新教学手段，但是“为谁培养人”“培养什么人”的指导思想从未改变过。

播音与主持艺术专业的学生开始学习的第一课就是明确什么是正确的播音创作道路，并通过学习该内容培养正确的立场和态度，培养过硬的政治素质和新闻工作者的敏感性，不断联系实际、深入群众，结合专业特点完成稿件创作和传播。与此同时，播音语言的“三性三感”（即“规范性、庄重性、鼓动性、时代感、分寸感、亲切感”）的学习也为坚持正确的播音创作道路、坚持马克思主义新闻观打下了语言基础。老师们还在授课以及训练材料的选择、分析过程中，如春雨润物细无声般使学生将马克思主义新闻观、社会主义核心价值观入耳、入脑、入心，培养学生正确的世界观、人生观、价值观，为最终成为一名合格的新闻工作者做准备。

近年来新生入学都要集体宣读入院誓词：“忠诚党的新闻事业，肩负党的喉舌重任。坚决维护国家利益，全力弘扬民族精神。刻苦锤炼语言功力，生动传播时代强音。催生有声语言典范，承担继往开来使命。立德、敬业、博学、竞先。我们时刻准备着！”在庄严、神圣的仪式中，学生增强了对播音与主持艺术专业的使命感和责任感。这也正是中国传媒大学播音主持艺术学院一脉相承的人才培养定位的体现。

三、培养具有全球视野及使命感的语言工作者，推动全民朗读

鲁景超在《关于播音主持人才培养模式的思考：写给“纪念人民广播播音七十年”》一文中提到，“我们的办学理念是：以融合人文和艺术的大学精神为指导，培养更多更优秀的播音员主持人，更好地执行大众媒体话语权，在党和人民之间架起沟通的桥梁；通过高质量的有声语言传播，塑造表达典范，在‘书同文’的基础上，推进实现‘语同音’的理想，发挥语言的文化承载力和精神塑造力，彰显中华民族的优良传统和精神气质。而作为播音与主持艺术专业的同学，未来不仅仅是从事着一份可以出头露面的工作，更要担起文化使者的重任。我们的办学定位是：引领提高全民族的语言能力和文化素养；引领播音主持艺术的专业走向；引领语言传播的高规格和高标准”①。

中国传媒大学播音主持艺术学院鲁景超院长也是中国人民政治协商会议第十二届全国委员会委员，因此除了作为培养播音主持人才的教师和学科带头人外，她还致力于推广全民朗读活动，以期引领提高全民族的语言能力和文化素养。早在她任北京市政协委员时，就在北京市政协第十一届委员会第三次会议上提出“设立首都全民朗读日”的提案。希望以朗读这种重要的文化形式，提升北京教师、学生乃至人民群众的朗读兴趣和能力，培养宽广的人文胸怀、展现人文精神的魅力，进而推进城市的文明程度。在她本人研究的项目中，有一个项目为教育部人文社会科学重点研究基地重大项目“中国传统文化的有声语言传播研究”，旨在传承、宣扬传统文化与发展有声语言传播之

① 鲁景超．关于播音主持人才培养模式的思考：写给“纪念人民广播播音七十年”[J]．现代传播，2011(4)：126-129．

间建立关联，为弘扬传统文化、倡导经典朗读研究提供基础；其他的项目如北京市社会科学基金研究项目“开展全民朗读活动对推进人文北京建设战略价值研究”，则从有声语言传播切入，探讨建设人文北京的可行性策略，较早地探索有声语言传播与塑造价值观之间的相关性。鲁景超院长致力于推广朗读文化的信念与热情也散见于她的一些文章之中，如《倡导经典朗读》《朗读与情操的陶冶》《让朗读丰富我们的人生》等。

有了这样的办学理念和定位、初衷和契机，中国传媒大学播音主持艺术学院在人才培养过程中更加注重学生的全球视野及使命感的培养。学院通过搭建全国大学生朗诵大会等多个实践平台，开展多样的交流活动，提升大学生推广朗读文化的使命感，也让更多的市民了解、欣赏、热爱朗读文化。

2016 年 10 月，中国传媒大学播音主持艺术学院一行 14 人前往香港、澳门进行为期 6 天的内地大学生优秀朗诵作品港澳展演交流系列活动，展演活动得到了教育部副部长杜占元、教育部语言文字应用管理司司长姚喜双、教育部港澳台事务办公室主任刘锦等领导的充分肯定和港澳有关部门及学校的赞许，并受到港澳观众的一致好评和广泛赞誉。在深化港澳与内地青少年语言文化交流和感情融和、加强普通话的推广普及、传承与弘扬中华优秀文化等方面做出了贡献。

为了在海外积极推广标准的“中国好声音”，进一步促进海外汉语学习者和中文教师普通话的规范使用。“2016 年 12 月 21 日，中国国家普通话水平测试格罗宁根孔子学院培训测试中心揭牌仪式暨荷兰中文教师普通话专题培训在荷兰海牙隆重举行。荷兰是海上丝绸之路的终点，欧洲首个普通话培训测试中心设立于此，对以语言服务‘一带一路'战略具有重要标志意义。"①

这是中国传媒大学播音主持艺术学院走向海外的第一步,用这样一个可复制、可作为典范在将来辐射整个欧洲的平台的搭建,是在"向世界传播中国好声音,传播最标准的中国好声音"。

2017年4月27日,美洲第一家、全球第二家海外普通话培训测试机构在美国纽约州立大学石溪分校揭牌成立,这标志着海外普通话教学、测试、语言文化推广和科学研究工作迈上了一个新台阶,也将进一步增进中国与世界各国的语言学术研究和语言文化交流合作。

中国传媒大学播音主持艺术学院正是通过有规模、成系统的有声语言传播及系列实践平台、活动,使学生在树立正确的价值观,开阔他们的视野,增强他们推广朗读文化的使命感,这种润物细无声的教育和培养使得很多毕业生在成为各台的播音员主持人后,依然肩负使命,弘扬正能量,陶冶人民群众的审美情操。

本章小结

教育学认为教育有两条基本规律,一条是教育的外部关系规律,一条是内部关系规律。外部关系规律也就是"教育同社会关系的规律,即教育必须与社会发展相适应"。潘懋元对此的具体解释是:"教育必须受一定社会的经济、政治、文化所制约,并为一定社会的经济、政治、文化的发展服务。"②通过本章对中国传媒大学播音主持艺术学院的人才培养目标以及方向的论述可以看出,中国传媒大学播音主持

① 荷兰格罗宁根孔子学院培训测试中心成立[EB/OL].(2016-12-23)[2019-10-08].人民网,http://world.people.com.cn/n1/2016/1223/c1002-28971045.html.

② 潘懋元.潘懋元高等教育学文集[M].汕头:汕头大学出版社,1997:144.

艺术学院（原北京广播学院播音系）在国家发展的不同阶段，根据政治、经济、文化的发展需要，既有一脉相承的坚守——培养党和国家需要的新闻人才，又根据新时代下国家的发展需要做出改革，尤其是在当下“一带一路”倡议，提升中国文化软实力，增强中国文化自信的大形势下，学院全面贯彻教育方针，更新思想观念，拓宽专业口径，改革内容方法，加强素质教育，全面提高教育质量。

在具体培养过程中，学院还注意把握继承与创新相结合、保持优势与拓宽口径相结合这两个原则。学院培养的有声语言传播者，既要有新闻工作者的社会责任感和喉舌意识，又要有语言艺术工作者的敏锐和悟性，引领语言传播的高规格和高标准。在培养中，首先要坚持继承与创新相结合的原则。多年来，学院对人才培养的成熟经验进行盘点，作为新教师上岗培训的必要学习环节，确保教师在成功模式的基础上进行有效的改进，与时代发展相适应。学院积极挖掘知名播音员主持人以及退休老教师的故事，凝练成学院文化的重要组成部分，以优良传统涵养时代新人的底色。此外，学院采用“老带新、传帮带”的教师培养策略，力图将老教师的成熟教学经验、教育理念和教育情怀内化成新教师的行动自觉。其次是坚持保持优势与拓宽口径相结合的原则。一方面，深耕主业以保持优势，继续强化传统优势专业或专业方向在行业领域内的话语权及影响力。秉持培根固本的发展理念，在此基础上做到去伪存真、去芜求精，推动传统专业的与时俱进。另一方面，锐意创新、多元发展以拓宽口径。学院坚持储量更新和增量补充并进的改革思路，结合传媒行业领域的一线诉求、国家改革发展需求以及媒介技术的快速发展，将新技术、新理念、新方法及时融入人才培养模式当中，使得培养出的人才既是全面发展的人才，更是适应职业岗位需要和社会发展的优秀人才。

第三章　播音主持人才培养模式的理论建构

第一节　双师型教师团队是理论与实践完善的基础性保障

双师型教师是高等教育教师队伍建设的特色和重点,大力加强双师型教师队伍建设,已经成为社会和教育界的共同呼声。目前学界并没有形成关于双师型教师的统一定义,一般概述为“双职称论”“双证书论”“双能力论”“双素质论”和“双融合论”五种主流观点。本书更倾向于“双融合论”,即合格的高水平教师应该具有中级以上教师职称和工程师等专业技能职称,并且具有理论教学和指导学生实践的双重能力。

由于播音与主持艺术专业的特性,理想的师资团队应该是在专业职称框架下将教学能力、业界实践经验和科学研究能力相融合的双师型教师团队。当然,想要把这种最理想的状态在一个人身上集中彰显实属不易。另外,时代特征、教育环境以及师资年龄的差异更增添了播音与主持艺术专业双师型教师团队构建的难度。那么,如何在现有条件下达到动态平衡,最大限度地挖掘师资团队的潜力,发挥师资团队优势就显得尤为重要。在此方面,学院做出了积极且卓有成效的探索。

中国传媒大学播音专业建立初期,老一辈的播音教育家实际上都来自广播电视一线,如徐恒、马尔方、陆茜、毕征,原来都是中央人民广播电台的播音员,包括张颂当时也是中央人民广播电台的播音员,播音名李昌,后也到北京广播学院参与播音专业的筹建。这都体现了播音教学实践导向性强的特点,不同于其他学科的师资是从学校到学校的模式。

播音专业在建立初期,就非常重视从相关艺术领域汲取营养,这一举措在提升学生艺术素养的同时,也拓展了教师们的艺术视野,增强了授课能力。当时请一些电影演员、话剧演员来学校讲课,做示范,像苏民、董行佶等北京人民艺术剧院的很多演员都来学校讲过课,有传授发声技巧的,有讲语言表达的,不一而足。另外也请一些当时正在中央人民广播电台工作的老播音员包括齐越、夏青、方明、铁成来讲课。应该说,当时这个专业的老师有来自学校其他专业的,有来自行业一线的,有来自其他艺术领域的,当时的学生是吃"百家饭"长大的。由此可见,播音与主持艺术专业先天的交叉融合属性凸显,对新时代教师团队能力结构的优化配置具有重要的启示意义。

"1977、1978、1979 级是恢复高考后的'老三届'。对学校来说,通过'文革'之前的教育体系的建立,又经过了'文化大革命',在经验教训当中找到了一条路子,就是在人才培养的过程当中进一步地尝试建立播音的教学体系。恢复高考以后,高等教育要求就更规范了,教材不能再是油印的小册子了,得有正规教材,所以当时徐恒老师的《播音发声学》,后来张颂老师的《播音创作基础》,毕征老师的《播音文体业务理论》,就是在总结这三届教学经验的基础上写出来的。

“进入20世纪80年代,我们的播音教育又向前推进了一步。80年代开始招收研究生了,这在播音历史上是一个巨大的突破。娄玉舟是齐越老师1980年招收的第一个研究生。敬一丹是1983级的,我和付程是1984级的研究生。徐恒老师的第一个研究生是陈京生。齐越老师带着我们进行播音教育实践的研究,也进行播音理论的研究和实践,这些研究对教学、教材的建设有巨大的促进作用。”①

教育学认为学科的完整性、通达度和学术共同体的构建需要以完善的学科教育体系作支撑。学院在多元化师资配置和教材、教育内容革新的同时,积极探索本硕博一体化的人才培养路径,尤其是以博士点申报和博士培养为主的高层次、高水准人才的培养。1999年,北京广播学院播音与主持艺术专业作为广播电视艺术学博士点的广播电视语言艺术方向,开始招收博士研究生。2001年,北京广播学院语言学及应用语言学博士点开始招收“中国播音学”研究方向的博士研究生。这些发展都体现着播音主持人才培养上升到了更高层次,将来从事教师职业的人才理论知识更为扎实,为播音主持艺术学院的师资队伍增添了理论型的后备力量。然而随着广播电视事业的发展,“双刃剑”的两面性开始显现,由于教学任务以及科研任务重,理论功底扎实的高端人才往往实践经验不足,而播音与主持艺术专业又是一个尤其注重实践的专业,只带着学生“纸上谈兵”肯定是不行的。于是在后续招收博士研究生的时候特别注意招收一些有一线工作经验的学生,为未来师资队伍扩充做后备资源。但是这样的教师资源培养还是有一

① 根据对时任教育部语言文字应用管理司司长姚喜双的采访录音整理。

定局限性的，因此，播音主持艺术学院继续坚守很多优良传统，也想了很多办法，在现有的条件下锻炼师资队伍，全面提高师资能力，激活教师团队。

教学、实践、科研三位一体，教学能力、业界实践能力、科研能力都具备是最理想的状态，但是由于教学内容已经发展，理论指导会出现滞后、缺失的情况；有的年轻教师教学任务重，实践经验又不足；有的骨干教师忙于教学，忙于指导实践，科研能力不足，此时就需要采取一些有效的措施达到动态平衡。

第一是集体备课。教师集体备课是以备课组为单位，组织教师开展集体研读大纲和教材、分析学情、制订学科教学计划、分解备课任务、审定教学设计、反馈教学实践信息等系列活动。播音主持教学过程中有一个特色是精讲多练，大课讲完理论以后要靠小课落实。小课组少则三至四人，多则九至十人，在这样的情况下，不同的老师上课势必各有各的特点，实际落实的时候，教学进度极不一致，从而导致教学质量打折扣。即便教学质量都可得到保证，学生在学习过程中仍会有特殊情况，如各个小组之间不均衡，实际上也会造成看似教学质量不好的影响，所以播音主持艺术学院就采取了集体备课的方式。集体备课有助于统一教学目标、教学进度还有规定动作，同时也留给教师一部分空间做“自选动作”，即在上课的基本目标达成、教学进度一致的前提下，教师可根据自己的研究所长以及因材施教的需求，选择“自选动作”，这也是对集体备课的一个补充。集体备课模式坚持教育学集体备课所要求的统一性原则、超前性原则和完整性原则，并妥善处理个人钻研与集体讨论的关系、备课与试讲的关系以及骨干领路与培养新教师的关系。

第二是“以老带新”。这是播音主持艺术学院多年的传统，播音主持艺术学院的教师大都是这么经历和成长的。年轻教师留校以后,会自觉地去听老教师的课,学院也会组织这种活动。早期大课小课一起听,时间久了以后,小课就可以慢慢放手给年轻教师去带,但是大课依然像每次集体备课一样,大家一块儿来听。“以老带新”“传帮带”的方法,把现代教育体系里面没有办法直接体现出来的,也就是播音主持小课教学,带有“师傅带徒弟”性质的这种传统传承了下来。“以老带新”“传帮带”模式对学院双师型教师团队的构建产生了深远的影响。前辈将学科要求、发展愿景、社会需求、教学基本功等传承给新教师,这些不仅会成为新人职业技术能力的基本标准,而且更重要的是,还会将师德、院风等精气神传播给新教师,成为师德构建和推动学科发展的奋斗激情和探索胆气。

第三是注重教学交流,鼓励青年教师进行基本功比赛。每年学校都会有教学基本功的展示交流,播音主持艺术学院鼓励并组织教师们参加。以2016年为例,在学院小范围的试讲、推选环节,学院邀请了教学督导、学院领导、各个系部负责人以及年轻教师们来听课。通过小范围的试讲,一方面可以将院里的优秀教师推选到学校,将来有可能参加北京市的青年教师基本功比赛,另一方面可以让大家进行业务上的交流。与此同时,学院针对参赛老师提出以下几个要求:首先,平时上课怎么讲,展示时就怎么讲,不要把它当成是一次比赛或任务。其次,鼓励创新,包括内容和形式的创新。比如,鼓励教师们运用项目制、讨论式以及翻转课堂(播音主持艺术学院一直在用)等形式。最后,播音与主持艺术专业的核心品牌不能丢,不能为了创新而创新。语言核心的功力,多年以来一直和业界保持着密切联络,从业界得来的教育教学思想、方法都不能丢,否则就是本末倒置。实践教学与教务交流成为学院教师巩固理论知识、加深理论认识的有效途径,是吸纳和培养具有创新意识的高水平双师型教师的重要环节，是理论联系实际、培养教师掌握科学方法和提高动手能力的重要平台。

第四是搭建实践平台，激活教师团队。这一措施主要是针对教师实践经验不足的情况。2011 年，播音主持艺术学院与云南卫视合作新闻评论节目《主播新鲜看》，这个合作平台的建立取得了多赢的效果。最大的受益者是参与其中的学生，同时教师的实践能力也得到了很大提升。在节目制作期间，实行教师负责制、轮岗制，小组负责老师需要把节目制作中制片、导播、剪辑、编导、摄影、现场导演等工种的工作全部经历一遍。这一运作过程使老师们对节目制作流程更加熟悉，也对电视台对播音员主持人的要求以及学生可能会出现的问题更加清晰、明确，这无形中提高了教师的实战工作能力。传媒一线的实际情况在媒介技术演进的推动下不断革新，想培养社会亟须的新型传媒人才，首先需要教师的教学意识和教学能力与一线的实际需要相接轨。其次教学平台的搭建，能够实现资源的转化，优化资源配置，这样一方面可以优化教师的知识结构、丰富教师的实践经验，另一方面也是在为学生的最终输出积累优质资源，积淀优质品牌。

教学中，播音主持艺术学院还将全国政协重点提案引入课堂的“辩与论”公开课。历时几个月的时间，老师带着学生做调研，带着学生设计选题辩论环节，这其实是从改变教学方法的角度，从教学改革的角度，从培养人才的角度，提升学生的思辨能力，培养他们的责任意识、担当意识，客观上也就锻炼了师资队伍。在挖掘自身学科特色和优势的基础上，学院通过持续开展“辩与论”公开课的形式，将党政方针融入课堂、将师德教育与家国情怀融入教学实践，取得了显著成效。截至 2017 年年底，先后举行了关于“农村土地确权与流转”“精准扶贫”“古村落保护”等全国政协重点提案的“辩与论”公开课。学院借助提案进行课堂教学，一方面给学生和老师提供了专业实践的机会和平台，另一方面也潜移默化地引领青年学子和学院教师与党和国家的重大决策部署共频共振、同向同行。

除此之外，播音主持艺术学院还与央视新闻频道、体育频道以及新媒体平台进行了合作，每一个合作项目在锻炼学生相应能力的同时，也是对老师们业务能力的磨炼和提升。

在近几年的齐越朗诵艺术节暨全国大学生朗诵大赛中，还特意增加了教师展示的环节，舞台展示的压力使得教师在常规的教学之外，不断创新、尝试，永葆艺术创作的活力。

第五是人才的引进和培养相结合。"'引进来''走出去'是目前播音主持艺术学院在师资培养方面采用的一种方法。人才引进相对来说数量比较少，原因是播音与主持艺术专业具有特殊性，如果没有业务上长期的浸润式的学习和熏陶，实际上很难承担起教学任务，所以还是以不断地培养和提升自己的学生、自己的老师为主。但我们存在另一种形式的人才引进，像早期的杜宪老师、卢静老师、唐朝老师等，其实都是播音主持艺术学院的校友毕业之后到业界工作又返回学校教学，近期学院又把北京广播电台交通广播的梁洪引进学院。播音主持艺术学院鼓励老师'走出去'，学院的老师基本都有国外学习经历，一方面开阔了视野，另一方面又丰富了知识结构。这两年业界发展特别快，所以教师还面临着新的知识体系观念的更新。"①学院近年来一直秉承"宽口径、厚基础、高素质、强能力"的教学原则，师资队伍建设也紧跟人才培养目标，向"精深"和"宽广"两大方向发展。一方面，深化专业内涵，突出专业优势，引进和培育更多播音主持业务名师

① 根据对中国传媒大学播音主持艺术学院副院长李洪岩的采访录音整理。

和播音主持理论研究精英，继续占领国内媒体及世界范围内华语媒体的高端；另一方面，不断顺应媒体融合的新趋势，开拓传媒发展所需新领域，打造以口语传播、世界华语传播等方向为导向，兼具播音社会学、播音哲学和播音美学为一体的新型复合人才。

播音主持艺术学院在双师型师资团队建设方面，一方面坚守优良传统，保留语言核心优势；另一方面不断改革创新，提升师资团队综合优势，追求师资构成的动态平衡。不断成长壮大的、日益优秀的师资团队，为播音主持人才培养的理论建构和实践指导提供了坚实的后盾。

第二节　理论建设不断丰富、完善

一、理论建设不断完善

实践是理论的基础，理论是实践的先导，播音与主持艺术专业教育不断发展的过程，也正是播音主持理论和实践相辅相成、相互作用的过程。播音与主持艺术专业理论建设的不断发展、完善，为播音主持人才培养打下了坚实的理论基础。

在播音事业发展早期，有一些人不理解播音工作，认为只要说好普通话照着念就足够了，甚至出现了“播音无学”的议论。其实这是一种误解，播音是一种有声语言创作，它有自己的规律和方法。我国老一辈广播工作者梅益、左荧、齐越分别在不同的场合进行了有力回击，左荧在《播音是一种语言艺术活动：业务学习笔记之二》一文中指出：

“播音工作是一种语言表现艺术。”①

各地广播电台建立之后，逐渐积累了许多宝贵的经验。20 世纪 50 年代的三本书：黄皮书、白皮书、蓝皮书，为后来播音事业的发展、播音理论的构建提供了宝贵的经验和思路。黄皮书是齐越率领代表团跟随梅益同志到苏联考察，吸取苏联播音经验并整理搜集相关理论文章写出的《苏联播音经验汇编》；白皮书是中央人民广播电台的几个播音员撰写的经验文章，其中包括夏青的《克服报告新闻的八股腔》这一经典文章；蓝皮书是地方台（主要是省台）播音经验的汇集。

北京广播学院（现中国传媒大学）播音专业建立初期，没有系统的播音理论教材。徐恒②在一次采访中谈到了播音专业从口授到理论研究的过程。以下为部分采访实录：

笔者：您是怎么由口授走向理论研究的？

徐恒：就这样边教边学，一开始的时候外请教员特别多，有的外请教员只是讲课，而像北京台的吕瑞老师就可以给我们带学生，因为我们过去都在中央台播音组工作。那时候马尔方老师兼任中央台播音组副组长，播音组又是齐越老师负责，所以我们请谁都比较方便。

除了教这个班之外，我们还给新闻系的编采专业上语音课。那时候还没什么理论，我一边招生，一边看《大学语文》

---

① 赵玉明. 风范长存：左荧纪念文集[M]. 北京：中国传媒大学出版社，2005：88.

② 徐恒，1926 年生，女，南开大学毕业。在南开大学读书期间，她是学生运动演讲组的成员，她的朗诵很有名气，也是一名极富鼓动性的进步学生。1948 年年底，她进入天津新华广播电台工作，是天津人民广播电台最早的播音员之一。曾任天津人民广播电台第一任播音组组长。1954—1957 年，任中央人民广播电台播音员，曾任播音组组长。1957—1960 年，任河北天津人民广播电台播音员。1960 年被调到北京广播学院播音系任教。其著作《播音发声学》是中国播音学领域的权威教材。

的语音部分，一遍一遍地跟着王璐老师学国际音标，可以说是现学现卖。

那一期培训结束后，学校停止招生了一段时间，我们就趁这个机会跟中国社会科学院语言研究所的周殿福老师学吐字发声。周殿福老师给中国传统的音韵学做了比较科学的解释，尤其是在吐字发声方面功不可没。他把字腹、字头、字尾还有传统发声里头的'通口'等概念科学化了，他还编写了一些练习材料，让大家跟他练习。另外，我们还跟电影学院的吴清老师学了一个学期。

到了1963年，我们向教育部申请正式开办播音专业，准备招大专生，还要和其他艺术院校一样组织提前考试。后来批下来了，就开设了这个专业，招了63、64、65这三届学生，像吴郁、李钢都是第一届的学生。

在教学之余，徐恒也在不断地学习，并及时将学到的知识融入教学中。她发现不规范的语音和发声不但影响内容的传达，而且还会影响播音员的语言表现力和工作状态。她认识到科学解释吐字发声的重要性，并积极向其他专业老师学习，不断吸取各艺术门类的营养，借以探索播音专业作为一门学科的理论基础和依据。她凭借着在大学学习物理专业时养成的严谨科学的学习习惯和科研能力，一步步将播音专业引向科学化和理论化。

张颂在《中国播音学发展论》一文中这样说道："1963年9月，中文播音专业开始招生。当时第一线急需播音员，我们又得培训。作为一个专业来讲，培训就不能只是原来的短训班、培训班那样，只是讲通讯、新闻、文艺怎么播，不能只讲这些，必须从基础上来。我们借鉴了姊妹艺术的经验，有了发声教学，气息、声音、吐字、归音等，也有了基本表达,当时叫作‘语言逻辑’。1963级的教材非常简单,但是主体已经比较明确了,比如播音的性质和任务,播音创作的目的,感情、停顿、重音、节奏,当时斯坦斯拉夫斯基的‘最高任务’‘三张王牌’这些都有了。当时在‘停顿’这一节中,特别强调我们是为工农兵服务的,我们要让他们听得懂、听得明白、听得清楚。

到了1964级播音班时,内容又丰富了一些。‘文革’后1973年召开了全国的高级培训班,各省、市、自治区的很多精英都来了。齐越老师带领着大家边实践边研究。”①

1979年召开了全国的播音基础教材研讨会,由张颂编写的《播音创作基础》(尚未正式出版)得到了大会的认可。书中已经出现了“正确的创作道路”“新中国播音风格”“播音表达规律”等内容。

“1981年8月,北京召开了第二次播音经验交流会,着重讨论了新闻播音特点和当前新闻播音存在的主要问题。……会后,北京广播学院的张颂同志发表了《研究播音理论是一项紧迫的任务》一文,促进了播音理论研究工作。之后的仅十余年中,便有一大批播音论著问世。”②张颂的《朗读学》《播音创作基础》《播音语言通论》,徐恒的《播音发声学》,吴郁的《播音学简明教程》《节目主持艺术探》,李越的《播音导论》,毕征的《播音文体业务理论》,齐越的《献给祖国的声音》《寄语青年播音员》,姚喜双的《播音风格探》《语言表达艺术》,李钢的《语言发声原理 语言发声练习》,祁芃的《播音心理学》,王璐的《语音发声基础》等著作涌现出来,播音理论日益丰富。

随着理论研究的深入,《中国播音学》于1994年正式出版,该书由

---

① 张颂.中国播音学发展论[M]//张颂.播音主持艺术论.北京:中国传媒大学出版社,2009:257.

② 张颂.中国播音学[M].2版.北京:中国传媒大学出版社,2003:24-25.

张颂主编，汇集了我国播音学研究领域的专家、学者的研究成果。全书包括“导论”“发音与发声”“创作与表达”“业务”共四编40章60多万字。在明确了学科定位的基础上，《中国播音学》在理论、方法、指导思想和实践性等方面都具有较高的起点，初步建立起中国播音学较为完整的理论体系。以此为标志，中国播音学的理论体系已经形成，并以此为核心构成了以“播音学概论”“普通话水平测试研究”“播音发声学”“播音创作基础”为主干的理论框架，概念体系比较完备。就这样，播音专业从无到有、从小到大，理论建设伴随着广播电视实践的发展也逐渐地丰富、完善，中国播音学理论体系也在历届播音教师的努力下一砖一瓦地被建设了起来。

要使中国的社会科学真正成为科学，成为与世界相通的学问，社会科学研究的理论规范化、完整化是不能回避的问题。理论框架是学科建设当中必不可少的重要环节。随着广播电视实践的发展以及播音理论体系框架的构建，20世纪90年代中后期至今，关于播音与主持艺术专业的研究领域不断扩大和细化，播音主持理论研究更加丰富和完备。中国的播音与主持艺术专业教育经过多年的建设和发展，形成了一定的办学规模和完整的办学体系，并且有了自己的一套系统完整的理论体系。

1999年，由北京广播学院播音主持艺术学院和中国广播电视学会播音学研究委员会学术部联合编辑的《播音主持艺术》第一辑出版，先后共出版15辑，以论文为主，兼及人物访谈、资讯服务等内容。2002—2003年，《实用播音教程：第1册：普通话语音和播音发声》《实用播音教程：第2册：语言表达》《实用播音教程：第3册：广播播音与主持》《实用播音教程：第4册：电视播音与主持》陆续出版，这也是播音与主持艺术专业本科教育沿用了很长一段时间的教材。2003年，修订后的《中国播音学》再版,将业务部分分为广播播音与主持、电视播音与主持。

随后一大批播音主持相关论著问世,比如姚喜双的《播音导论教程》从理论上对播音的属性、作用,播音创作的构成要素、手段、方法和原则,播音创作的分类及播音风格作了全面的阐述。鲁景超的《广播电视即兴口语表达》对信息全球化与口语研究的意义、广播电视即兴口语的特殊性及创作原则、即兴口语与播音员主持人的修养、即兴口语表达对语言的基本要求、选题的意义和要求、即兴口语表达基本能力的培养与练习、即兴口语的准备、对话性即兴口语等内容进行了讲解,是我国最早研究广播电视领域即兴口语表达的图书。张颂的《播音主持艺术论》汇集了广播电视语言传播、中国播音学的理论篇、教学篇、前沿篇,既有他对40余年教学经验的总结,又有对未来播音主持事业的期待,是研究中国播音学极为重要的资料。吴郁的《当代广播电视播音主持》,吴弘毅的《播音主持艺术语音发声》,罗莉的《当代电视播音主持教程》,柴璠的《播音语言表达技巧》,赵琳的《双语播音主持艺术》,王明军、阎亮的《影视配音艺术》,宋晓阳的《出镜记者现场报道指南》等,这些论著都对当时播音主持的发展起到了重要的作用。

目前新版的教材《播音主持语音与发声》《播音主持创作基础》《广播节目播音主持》《电视节目播音主持》于2014—2015年正式出版。这四本教材不仅对中国播音学理论进行了更加严谨求实的论述,更加入了大量来自广播电视及新媒体的实例和鲜活的训练材料。多位资深媒体人参与了教材的编写,体现了教材与传媒前沿的紧密结合,这对播音主持教学来说具有十分重要的意义。

正如鲁景超在《播音主持艺术学的回顾与展望(代序)》一文中提

到的:“播音主持艺术学历经了从无到有、从小到大、从单一到综合的发展历程。学科的理论体系建设,围绕‘有声语言’表达‘感性—知性—理性—悟性’的独特艺术路径,锤炼语言表达能力,提升‘有声语言’艺术感染力和艺术境界。以1994年出版的《中国播音学》为标志,发展至今,逐步形成了独具中国特色的理论体系,国内首创,在国际上也独树一帜。”①

目前播音主持艺术学的主要研究方向及研究内容为:播音主持发声艺术、播音主持艺术理论、播音主持创作艺术、口语传播艺术,这四个研究方向和研究内容构建了播音主持艺术学科的主干理论框架。此框架涵盖了丰富多样的研究内容,包括有声语言表达中发声艺术的创作基础及创作方法,语言发声艺术的物理基础、机体控制、发声方法和语言艺术表达效果之间的关系,以及人们的思想感情与声音表达形式之间的关系;播音主持艺术的创作主体、创作过程、接受主体、艺术效果,语言工作者从素材准备到节目播出过程中的创作道路、原则、技巧、规律、风格等;各类广播电视节目播音主持创作活动,包括新闻节目、综艺娱乐节目、专题性节目、谈话类节目、体育节目等各类节目播音主持的艺术特征、节目形态、创作方法、创作规律和艺术效果等;播音员主持人口语表达的内涵外延、思维方式、创作方法等。

不同历史时期的播音主持业界实践者,在有声语言和节目的创作过程中所积累的经验、资料以及播音主持教育者在教学过程中所发现的问题和难题,构成了播音主持艺术学进行学理研究、理论探索的支撑,反过来,理论成果又会指引、反哺业界和教学的实践。播音主持学界和业界是相互贯通、相互支撑的关系。无论是从业界引进学院的老

① 中国传媒大学播音主持艺术学院. 播音主持语音与发声[M]. 北京:中国传媒大学出版社,2014:1.

师抑或经学院培养而走出去的老师，都通过理论和实践的总结共同推进播音教材、课程体系和培养方案的与时俱进和发展革新。

二、科研成果丰硕

（一）科研实现重大突破——首次获国家社科基金教育学重点项目立项

在播音理论体系不断完善的同时，中国传媒大学播音主持艺术学院教学团队还齐心协力，实现了多项科研成果的突破。

2016 年 4 月，全国哲学社会科学规划办公室发布“全国教育科学规划国家重大和重点招标课题指南”。在鲁景超院长的统筹和引领下，在李洪岩副院长的组织和协调下，各系、部、所集精兵强将通力协作，针对“社会变迁进程中青少年价值观的发展与影响机制研究”招标课题，共同完成了一项从破题、构思、框架搭建、任务分工到撰写投标书、反复修改、校对、定稿的大工程。最终于 2016 年 10 月 21 日接到全国哲学社会科学规划办公室通知，由鲁景超教授作为首席专家申报的“社会变迁进程中青少年价值观的发展与影响机制研究”获国家社科基金教育学重点项目立项。这是中国传媒大学首次获得国家社科基金教育学单列学科基金项目的资助。国家社科基金目前共设立 26 个学科，其中教育学、艺术学、军事学为单列学科，单设基金项目进行申报。作为以艺术学、新闻传播学为主要学科背景的播音主持艺术学院，此次能够从全国众多拥有教育学学科重镇的学校中脱颖而出，与其研究的独特切入视角、深刻的立意及多元的社会意义息息相关。

“社会变迁进程中青少年价值观的发展与影响机制研究”选择

“传媒”和“语言”作为影响青少年价值观形成、发展的两个关键变量，旨在构建集“价值观教育、艺术教育、专业教育”为一体的教育模型，优化作为价值观养成基础的媒体环境，加强有声语言诵读对青少年人文精神的浸润，搭建有关价值观引导模式的全社会辐射平台等，探寻正向引导当下青少年主流价值观的有效路径与机制。这将对培养正确价值观并能有效引导公众形成正确价值观的未来传媒人、塑造社会主义核心价值观、强化国家文化软实力产生巨大的推动作用。

国家社科基金项目的成功申报是学院在夯实专业业务根基的基础上，向学术研究转型的成功跨越，也是学院多年来重视播音主持理论研究的结果。国家社科基金项目高屋建瓴，从学院总体发展规划上为教师的综合发展指明了方向。项目围绕“传媒”和“语言”两个关键变量进行探索，践行学院打造世界话语传媒最强音的核心愿景和特色，使该成果彰显社会价值的同时，为播音主持理论范式的完形奠定了基础。

（二）不断探索理论前沿，成果丰硕

播音主持艺术学院的教师除了日常的教学、带领学生实践之外，还积极进取，不断进行理论思考，取得了丰硕的成果。仅学院院长鲁景超在研的项目就有：教育部人文社会科学重点研究基地重大项目“中国传统文化的有声语言传播研究”、北京市社会科学基金研究项目“开展全民朗读活动对推进人文北京建设战略价值研究”、国家宣传文化发展专项基金项目“中华文化素养 e 课堂项目”等。

以学院 2015 年、2016 年的科研成果为例。2015 年学院教师发表论文 18 篇，出版专著 5 本、译著 1 本、教材 3 本；2016 年发表论文 41 篇，出版专著 4 本、教材 2 本。

2016年申报第五届全国教育教学优秀成果奖“诵读活动与人文精神建设研究——以齐越朗诵艺术节暨全国大学生朗诵大会为例”，开展校级项目——中国传媒大学优秀创新团队培育工程“口语传播人才培养模式创新团队”年中检查的准备工作；总结2015年首届世界电视日大会“融媒时代播音主持发展论坛”成果，收集整理22篇优秀参会论文准备发表；申请校级科研课题“财经新闻播音主持人才培养研究”并成功立项。这些科研成果关注当下播音主持领域的学术热点，探索语言传播规律，推动了专业理论建设的深入发展。

第三节　课程体系日渐丰富立体

一、一部三系的划分促使课程体系更加完善

(一)在摸索中逐步建立课程体系

课程体系是在一定教育价值理念的指导下，将课程的各个构成要素加以排列组合，使各个课程要素在动态过程中统一指向课程体系目标实现的系统。课程体系是实现培养目标的载体，是保障和提高教育质量的关键。播音专业建立初期，没有系统的教材，当时的教材是来自一线实践经验的总结，练习材料基本来自一线的稿件和油印的小册子。为了丰富课程内容，除了本校教师授课之外，学院还会邀请姊妹艺术领域的专家、艺术家、演员来授课，严格来说，那时候还谈不上课程体系。王璐老师作为播音专业最早的教师之一也接受了我们的采访，并对播音专业建立初期的情况进行了介绍。

老教师王璐在接受采访时说:“当时广院就是两个专业,一个新闻,一个无线,播音是新闻系里的一个组,叫作播音教研组。当时在北大请了林焘教授、文改会(中国文字改革委员会)的徐世荣先生①、中国社会科学院语言研究所的周殿福先生②,及其他艺术院校的老教师。徐先生说:‘作为一个中文系,现代汉语中的语音、语法是必须要上的,这是打基础的东西。’当时就定下来了这两门课。徐先生、周先生讲大课,我负责小课。”由此看来,在播音课程体系构建的初期,各课程要素的搭建源于语言学科理论和语言学家的推动,这也增加了课程体系的语言学属性以及该学科的语言文字底蕴。

后来随着专业的发展,教师们不断向姊妹艺术如电影、戏剧、说唱等学习语言技巧、吐字气息,姊妹艺术与播音有相通的地方,但又有所不同。他们按照播音专业的需要汲取姊妹艺术的精华,摸索出一套教学方法。在课程体系构建的成长期,播音课程博采众长,在以影视艺术、说唱艺术等为代表的有声语言创作艺术学门类中汲取营养,对理论和方法的细节进行探索和吸收,挖掘课程的超前性、适用性和科学性,不断丰富课程体系的艺术属性。

笔者采访到了1974级播音专业的学生,毕业后一直留校任教的马桂芬,她也谈到了当时的课程、教材情况。以下是部分采访实录:

笔　者:1974级学生上课时有哪些课程内容呢?

马桂芬:当时没有系统的教材。齐越老师、张颂老师都是从台里来的,比如听到今天台里铁成、方明播的稿子不错,

---

① 徐世荣,1912年出生于北京,语言学家。曾在北京师范大学等名校任教。在普通话语音教学与推广、汉语拼音方案的推广、标点符号研究、语法研究及词典编纂方面做出了突出贡献。

② 周殿福,1910—1990年,著名语言学家,中国社会科学院语言研究所研究员。主要著作有《艺术语言发声基础》《国际音标自学手册》等。

就打电话让他们把稿子留下,然后再油印了发给同学们作为练习材料。练声方面,一般是老师听了发现学生问题之后,指出问题并给出方法,同学们记录下来再去查字典,然后反复练习,不断地摸索实践。那时候学生少,老师上小课的时候,一位老师带几个学生,一个小组6个学生,指导的效率会高得多。

笔　者:1974级、1975级、1976级这几届学生的主要培养方向是什么?当时有没有不同类型节目主持人的培养?有培养电视主持人的提法吗?

马桂芬:没有,那个时候没有电视,只有广播,培养的人才没有具体细分,全是一样的。那段时间的节目类型也比较简单,对郊区农村广播、对解放军广播、新闻报纸摘要、早间新闻、晚间新闻、午间新闻、对工人广播等几大块。主要是新闻、通讯、对话这三大样。因此培养也都是统一培养,没有区分。

笔　者:从1977年到1996年这一阶段的教材有哪些补充和丰富呢?

马桂芬:教材第一个出来的是《播音创作基础》和徐恒老师编写的《播音发声学》,广播电视那一部分,以前只有广播播音。教学内容就是发声、基础、广播三大部分,那时候的练习材料主要是台里的节目《为您服务》《大众信箱》《节目预告》等,比如几点几分,第几套节目,笛子独奏、女高音独唱等。那时候的文艺节目,主要就是报一下节目名称,引导一下观众,然后放一段录音。

笔者有幸找到了1985级、1986级、1987级训练所用的刻印版材料，见图3-1、图3-2、图3-3，这些资料也印证了马桂芬在采访中提到的：练习材料主要是台里的节目稿件，内容主要为新闻、通讯、对话三部分，教学内容主要为发声、创作基础、广播三大方面。

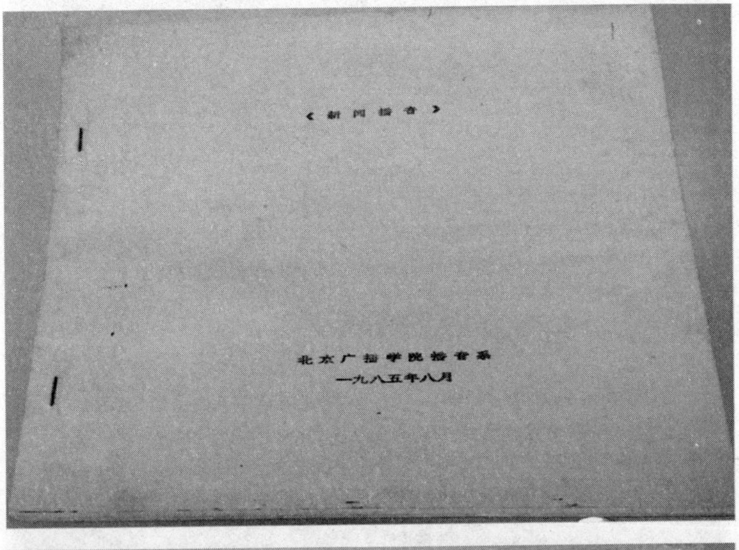
《新闻播音》

北京广播学院播音系

一九八五年八月

图3-1　1985年油印的《新闻播音》教材

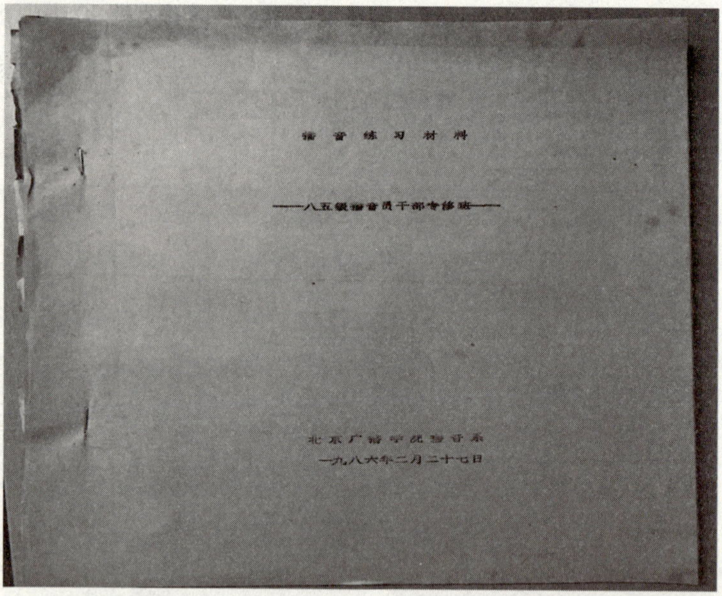

播 音 练 习 材 料

——八五级播音员干部专修班——

北京广播学院播音系
一九八六年二月二十七日

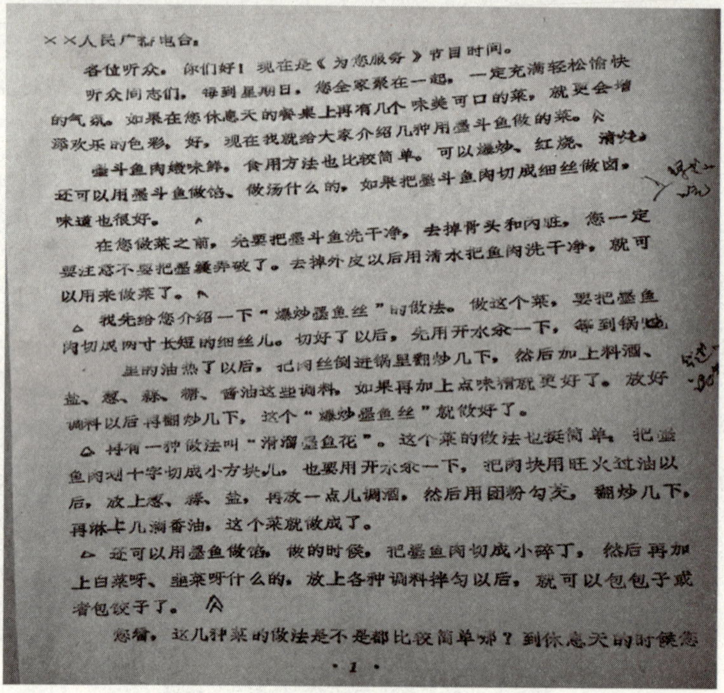

××人民广播电台。
节目时间。
各位听众，你们好！现在是《为您服务》
一定充满轻松愉快
听众同志们，每到星期日，您全家聚在一起，
就更会增
的气氛。如果在您休息天的餐桌上再有几个味美可口的菜，
添欢乐的色彩。好，现在我就给大家介绍几种用墨斗鱼做的菜。
墨斗鱼肉嫩味鲜，食用方法也比较简单。可以爆炒、红烧、清炖，
还可以用墨斗鱼做馅、做汤什么的，如果把墨斗鱼肉切成细丝做卤，
味道也很好。
在您做菜之前，先要把墨斗鱼洗干净，去掉骨头和内脏，您一定
要注意不要把墨囊弄破了。去掉外皮以后用清水把鱼肉洗干净，就可
以用来做菜了。
我先给您介绍一下“爆炒墨鱼丝”的做法。做这个菜，要把墨鱼
肉切成两寸长短的细丝儿。切好了以后，先用开水汆一下，等到锅
里的油热了以后，把肉丝倒进锅里翻炒几下，然后加上料酒、
盐、葱、蒜、糖、香油这些调料，如果再加上点味精就更好了。放好
调料以后再翻炒几下，这个“爆炒墨鱼丝”就做好了。
再有一种做法叫“滑溜墨鱼花”。这个菜的做法也挺简单，把墨
鱼肉划十字切成小方块儿，也要用开水汆一下，把肉块用旺火过油以
后，放上葱、蒜、盐，再放一点儿调酒，然后用团粉勾芡，翻炒几下，
再淋上几滴香油，这个菜就做成了。
还可以用墨鱼做馅，做的时候，把墨鱼肉切成小碎丁，然后再加
上白菜呀、韭菜呀什么的，放上各种调料拌匀以后，就可以包包子或
者包饺子了。
您瞧，这几种菜的做法是不是都比较简单哪？到休息天的时候您

·1·

图 3-2　1986 年油印的《播音练习材料》

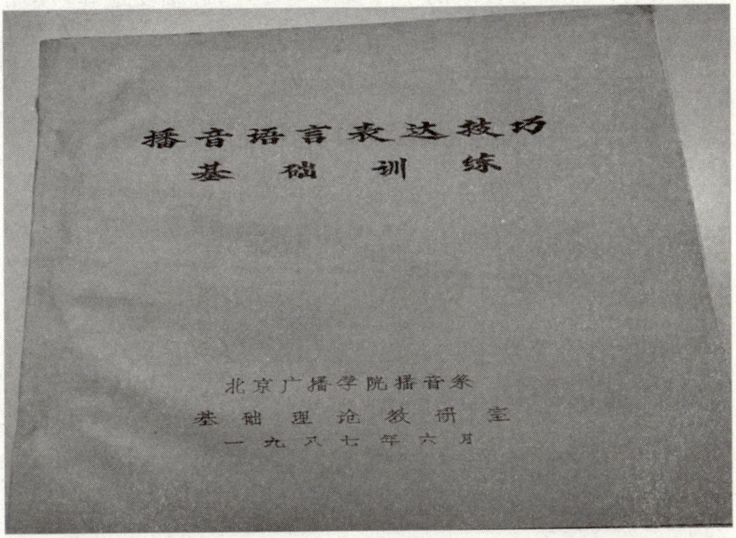

播音语言表达技巧
基础训练

北京广播学院播音系
基础理论教研室
一九八七年六月

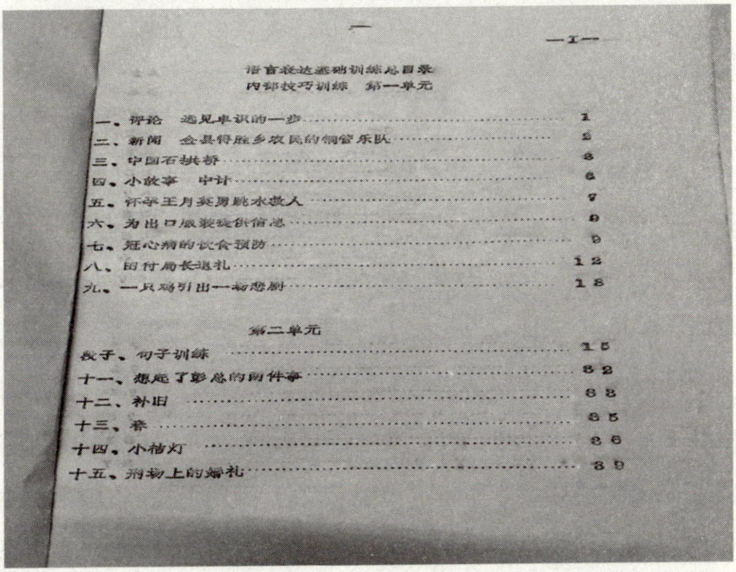

—
—1—

播音表达基础训练总目录
内部技巧训练　第一单元

一、评论　远见卓识的一步……1
二、新闻　全县行胜乡农民的铜管乐队……2
三、中国石拱桥……3
四、小故事　中计……6
五、怀孕王月英勇跳水救人……7
六、为出口服装提供信息……8
七、冠心病的饮食预防……9
八、田付局长送礼……12
九、一只鸡引出一场悲剧……13

第二单元

段子、句子训练……15
十一、想起了彭总的两件事……32
十二、补旧……33
十三、春……35
十四、小桔灯……36
十五、刑场上的婚礼……39

图 3-3　1987 年油印的《播音语言表达技巧基础训练》

在采访中笔者了解到，播音主持教学内容在 20 世纪 90 年代的时候就分为了两部分，播音基础部分增加了话语样式和口语表达的教学内容，主要有四种话语样式的学习及简单复述、详细复述和口语。广播电视部分包含新闻、通讯、评论和对话，后来学院也照此分为广播和电视两个教研室。

笔　者：那时候有没有分方向培养并设立相应的教学内容？

马桂芬：没有，一直没有分，一起培养，学的都一样。那会儿就业机会比较多，最早一个班30人，后来发展到40人、60人，到1997年、1998年的时候增长到100人，招了两届100人，又变到60—80人，到现在就没有变化了，就是100人了。但是教学划分为新闻、综艺、口语传播等的确是最近几年才开始的。以前就三大部分：播音发声学、创作基础和广播电视。

本着通识教育和专业教育相结合的思路，学院建立了由公共基础课、学科基础课、专业基础课、专业课四个课程模块组成的课程体系。基础课以“厚基础”为原则，培养学生的新闻素质和人文内涵，夯实人才的综合素养；专业课以“强能力”为原则，培养学生的播音主持艺术素质，强化人才在有声语言表达上的特色。学院教师在设计教学时以课程模块为基准，并根据学情、教学现场及学习进程进行灵活调整。总之，学院教师在带领学生走进模块学习时，做到了摒弃“师不必贤于弟子，弟子不必不如师”的传统教学观，时刻提醒自己：课堂上的学习是学生在学，而不是教师的以“教”代学；读书是学生自己动脑在“读”，而不是喋喋不休地以“讲”代读；学习内容是学生依据自己的阅读思考、学习目标的自主选择，而不是教师的越俎代庖。换句话说，学生“在场”的后面是教师“不在场”的支持，模块教学实验的成功就是由这无数的“不在场”托起的精彩。

教育学认为课程设置主要包括合理的课程结构和课程内容。在课程设置方面，除了规定的公共基础课程、学科基础课程之外，播音主持艺术学院还开设了近20门专业基础课和专业课，注重加强训练学生的专业基本功及业务实践能力，拓展学生的视野、培养他们的学习兴趣和敬业精神。另外还开设了30门选修课，进一步拓宽口径，丰富学生的知识面。学院合理的课程结构是各门课程之间的结构合理、包括开设的课程合理、课程开设的先后顺序合理、各课程之间衔接有序，能使学生通过每门课的学习与训练，获得某一专业所需的知识与能力。此外，学院还为学生开设了“专业通道”，这是充分培养他们的兴趣特长，也是培养不同类型尖子生的平台。合理的课程内容安排符合知识论的规范和播音课程设置规律，课程的内容能够反映学科的主要知识、主要的方法论及时代发展的要求。

（二）一部三系的划分促使课程体系更加丰富、立体

2014年，经过中国传媒大学教授委员会、学术委员会的层层讨论，播音主持艺术学院教师群策群力、达成共识，大胆进行了教学体系改革，在深化教改方面迈出了一大步。构建包括播音主持创作基础部、新闻播音主持系、综艺主持系、口语传播系等一部三系的新教学体系，使人才培养更加符合新时期需要。

经过一部三系的划分，相应的课程内容更加丰富立体。实践证明，进行教改后教师上课更有激情了，学生学习的积极性也提高了。具体调整的一些思路和实践如下：

播音主持基础创作部。打通原有的发声、表达两部分教学内容，强调以发声促表达、以表达带发声，提升学生在专业基础训练方面的

效率,为学生打好基本功。

新闻播音主持系。新闻播音主持系在优化三年级、四年级新闻播音主持课程的基础上,重点整合三年级本科班的广播播音主持与电视播音主持课程,并在一年级本科班专业教学中尝试互动式、案例式的教学模式,在教学效果上取得一定突破。

综艺主持系。以培养综艺主持人为主要方向。学院本着“科学论证、大胆尝试、跨界联动、教研结合”的原则,展开新课程建设工作。综艺主持系在课程中安排了形体课,并尝试与我校表演系跨界联动,交叉选课,邀请表演系老师为综艺主持系学生授课,并借鉴表演系专业学生的训练内容,指导和设计综艺主持系学生的晨功练习。为提高学生的艺术语言技能,综艺主持系开设了优秀作品听评课,带领学生赴电影厂观摩译制片的录制,邀请业界著名配音员为学生举办创作交流会,并安排学生参与大片配音的录制工作。

口语传播系。口语传播系结合新媒体的发展,注重口语表达在新媒体环境下的发展变化。口语传播系的教师带领学生积极探索新媒体在课堂上的使用,包括直播课堂、网络点评等。随着新媒体的强势崛起,为紧跟实践一线的发展潮流,学院联手云南卫视,将《主播新鲜看》的实践教学项目转移至新媒体平台,整个实践项目团队也将工作重心转移到新媒体传播上,让学生尽早地参与到新媒体节目的制作当中,进而保持我们的学生在新媒体平台上的优势,为以后就业多做准备。另外,口语传播系已经连续举办以全国政协重点提案为议题的“辩与论”公开课,通过组建辩论训练营、邀请相关领域专家为学生做讲座、老师带领学生下乡实践调研等形式丰富了课程内容,培养了学生的辩证思维能力和口语表达能力。

一部三系的改革实践顺应了媒介融合新趋势和播音主持人才培

养的大局,意义重大。无论身处怎样的传媒变局,对教师和学生基本功的打磨,以及对播音主持基础理论的深化探索等顶层设计的蓝海图景始终不能变。一部三系结合各业务门类,涵盖播音主持教育的方方面面,四者相互作用、统筹协调、融会贯通。播音主持基础创作部发挥根的作用,为系的拓展提供源源不断的养分,而三系紧跟传媒现实,将触角延伸到传播链条的各个角落,为经济、文化、时政等分众领域的新型传播人才提供支撑。播音主持基础创作部在众说纷纭中为播音原生态底蕴的绵延提供一方净土,同时成为传媒各领域垂直延展的"根据地";新闻播音主持系聚焦传播本源,完成信息传递、传播主流价值观的根本使命;综艺主持系力求突破泛娱乐的异化,坚守"正能量+娱乐"的传播愿景,在传统文化中汲取养分,用接地气的表达方式塑造"综艺匠人",为受众的精神愉悦和审美升华提供综艺传媒英才;口语传播系则以媒介技术应用、培养模式创新为导向,扩渠道、搭平台,努力提高教师和学生的立体传播力。潜心根本与观照时代并不矛盾,播音主持人才培养体系的构建与创新必须既要重视基础理论和传统文化的继承,又要关注传媒发展趋势,只有立足根本,与时代同步、与现实同步、与不断变化的受众审美需求同步、与国际和国内文化市场需求同步,才能创造出兼具社会效益和经济效益的新品牌、新精品。

二、稳步推动教材建设,同时启动新课程

一部三系的划分使播音主持课程更加丰富、完善、立体,同时中国传媒大学播音主持艺术学院继续坚持稳步推动教材建设,启动新课程,尝试新的教学方法。

（一）稳步推进教材建设

教材是培养学生的蓝本，是专业的“根本”。播音与主持艺术专业是一个实践性很强的专业，但是在很长一段时间里学生使用的还是早期的教材。在全院教师的齐心协力、共同努力下，将许多优秀的一线播音员主持人吸纳到新版教材的编写队伍当中来，如方明、王世林、白岩松、周涛、康辉等，他们除担任教材的业界顾问外，还亲自撰写相关章节。同时，新版教材还增加了大量来自广播电视及新媒体的鲜活实例和训练材料，保证教材与一线实践挂钩，确保教材的实用性。

按照中国传媒大学教材建设的规划要求，学院对于教材的编订妥善处理了思想性与科学性、观点与材料、理论与实际、知识和技能的广度与深度、基础知识与当代科学新成就的关系，并坚持“有规划”“出精品”“保稳定”“常更新”的编写思路，稳步完成新版教材的编写工作。2014—2015 年，四本核心教材《播音主持语音与发声》《播音主持创作基础》《广播节目播音主持》《电视节目播音主持》正式出版，并开始在学院教学工作中使用。新闻播音主持系在完成了《电视节目播音主持》教材编写的基础上，还进行了《新闻节目播音主持教材》的编写工作，这是新版教学大纲的配套教材，将全面反映新闻播音主持系的教学体系和课程内容。口语传播系于 2015 年正式启动了《广播电视口语表达基础》教材的编写工作，以之前几轮的教学实践为基础，以 2014 年新版培养方案为指导，以口语传播系全体老师的教学积累为依托。目前，《广播电视口语表达基础》教材的编写工作正在有条不紊地进行。正是以新版教材为依托，新的课程内容、新的教学方法都可以付诸实践了。

(二)实施新版教学大纲,启动新课程

教学大纲是以系统和连贯的形式,按章节、课题和条目叙述该学科的主要内容的教学指导文件。它根据教学计划,规定了每个学生必须掌握的理论知识、实际技能和基本技能,也规定了教学进度和教学方法的基本要求。学院于2015年开始实施2014年版教学大纲,这是调整教学机构后首次实施全新的教学大纲,学院下设的播音主持创作基础部、新闻播音主持系、综艺主持系、口语传播系也全面启动了新课程教学。

播音主持创作基础部将语音发声课程与创作基础课程压缩在一个学期内进行。为保证教学质量不受影响,教授语音发声的老师与教授创作基础的老师将各自课上的内容相互渗透到对方的课程中,通过集体备课、集体讨论、集体录音的形式,打磨大课的讲授内容和方式,提升教学效率;在充分熟悉发声和基础的内容后,更加全方位地驾驭教学步骤和方法。

新闻播音主持系紧紧围绕课堂教学,进行新版教学大纲与旧版教学大纲的衔接工作。因“2016网络直播元年”的媒介环境,新闻播音主持系在“新闻方向课程”中进行了网络直播新闻报道的有益尝试。此次尝试使一批优秀的学生脱颖而出,获得在“北京时间”“腾讯新闻”等优质媒介平台实习实践的机会。2014年版教学大纲中的三个重要新开课程“民生新闻播音主持”“时政国际新闻播音主持”“新闻现场报道”陆续开课。民生新闻播音主持吸取了新闻播音主持基本功大赛的成功经验;时政国际新闻播音主持将国家观点、国际热点和讲好中国故事结合起来;新闻现场报道将业界经验、热点和理论认知结合起来。双学位的播音主持业务课将学生的业务发展和就业需求结合起来,两者都进行了一定程度的创新或优化,确保课程取得优质效果。另外,新闻播音主持系在“新闻节目解析”“新闻采写表达”等课程中采用互动式、案例式教学法,取得明显成效。整合并优化大三、大四两个年级的新闻播音主持课程,将融媒理念和融媒方式引入新闻方向课,为学生开设了“网络热点及其程序机制”等课程,带领学生初步进行 H5 界面、有声微信页面的创作实践。

综艺主持系启动大二本科班“综艺节目主持基础训练(形体)”和“综艺节目主持基础训练(表演)”两门新课。经过前期多次研讨规划,两门课顺利开展,课程内容更加细化,针对性更强。针对 2014 级播音本科班开设的“综艺节目播音主持 1”课程,主要围绕改善播音与主持艺术专业学生的身、形、体、貌综合训练展开。在形体训练中,进行了古典舞、现代舞、华尔兹等不同舞种的专项训练,且对所学的每一个舞种进行阶段性考察,以巩固学习成果,使学生身材挺拔、肢体舒展、动作协调、气质优雅。在表演训练中,通过单人、多人小品练习,丰富学生的想象力和感受力,强化规定情境中的真实感、信念感和交流感,使学生建立舞台表演的自信心。2013 级播音本科班开设的“综艺节目播音主持 1”课程,内容则主要围绕综艺节目播音主持语言综合训练展开,在主持人形体训练的基础上进行了表演基础训练、台词训练、综艺晚会主持训练以及视觉语言的运用等。

口语传播系坚持集体备课制度,保证每个学期至少有三次由教学组长主导的集体备课。全体教师在集体备课时充分交流教学经验,为课程的实施建言献策。正是这种开放热烈的集体备课模式,使各年级的口语课程都能做到统一教学思想、统一教学进度、统一练习材料、统一训练要求、统一训练方法“五个统一”。口语传播系承担的“广播电视口语表达基础”首次以必修课的形式进入本科的教学体系。经过一年的教学探索与调整,该课程已经建立起相对科学与完善的教学大纲和训练体系，这也为新培养方案中其他口语传播体系课程的开展、实施打下了良好的基础。同时，原有“广播电视口语表达基础 3—4”课程也在同步推进，老师们根据新版课程对该课程进行调整，使该课程更加系统和科学。此外，由口语传播系设计的“口语传播概论”课程也于 2015 年下半年开课。

学院探索教学大纲和新课程教学是顺应人才培养模式创新的内在要求。教学过程中体现出了科学性与思想性结合、理论联系实践的原则，结合科学体系和教学法的特点，建立严谨的学科体系。只有保持教学大纲的相对稳定性，才能保证稳定的教学质量。但教学大纲也要及时反映现代科学技术的最新成果和当代科技发展的最新水平。保证教学大纲的先进性，实现教学内容的现代化。因此教学大纲的内容编制要不断更新。

（三）坚持举办文化名家系列讲座，营造学术氛围

文化名家系列讲座是学院的传统活动，旨在邀请我国政治、经济、文化、传媒等领域的学术名家，为全院师生带来丰富的文化大餐，拓展师生们的视野，启迪师生们的思想，营造浓厚的学术氛围。文化名家系列讲座历年来邀请到了文学、播音与主持艺术、传播学、艺术学、演奏等领域的知名专家学者如叶嘉莹、楼宇烈、刘梦溪、单田芳以及胡正荣、胡智锋等举办学术讲座，受到师生们的欢迎。这种固定的文化名家系列讲座活动，某种程度上已经成为学院课程的补充，极大地丰富了课程内容，也彰显了学院的学科领头作用。坚持举办走近名家、走近经典、走近文化的系列讲座活动，在大力培育和践行社会主义核心价值观，传承和弘扬中华优秀传统文化，推动学院履行文化传承和创新使命，提高人才培养质量，提升学生的文

化素质和精神品格等方面成效显著，也成为培养学院人才软实力的重要保证。

本章小结

人才培养是系统性、全局性的基础工程，只有将各个环节、各个要素如师资建设、理论建设以及课程体系建设紧密对接人才培养目标，并落实到人才培养方案中，才能确保人才培养过程的合理性。

师资队伍建设是高等学校工作的重要组成部分。师资建设关键是提高教师队伍的整体素质。这是因为学校的根本任务是育人，而与学生接触最多的是教师，对学生影响最深的是教师。理论建设是学院学科建设、学术研究能力、教师学术水平和人才培养质量的关键环节。理论源于实践，是对实践现象、观念、规律的抽象提炼，其基本组成单位是学术。只有不断提升学院的整体理论水平、构建学院理论氛围，才能更好地针对实践需求去培养适需的人才，才能提升人才的人文修养和文化底蕴，避免学生接受的是学术性高等教育，避免培养出来的人是以就业为导向驱使的工具化的人。

课程体系是在一定教育价值理念的指导下，将课程的各个构成要素加以排列组合，使各个课程要素在动态过程中统一指向课程体系目标实现的系统。课程体系是实现培养目标的载体，是保障和提高教育质量的关键。

中国传媒大学播音主持艺术学院在人才培养过程中关于师资、课程以及理论等层面的改革举措，充分印证了学院对高等教育使命的坚守以及对人才培养质量的高度重视。

第四章　播音主持人才培养模式的实践与完善

第一节　夯实学生语言功力，发扬传统优势

在针对毕业生的调查问卷中，其中一个问题是："您在学校获得的哪些方面成为工作中最大的优势？"在"专业能力""思维方式""学习方法""社交能力""知识储备""其他"几个选项中，绝大多数同学的选择是"专业能力"。

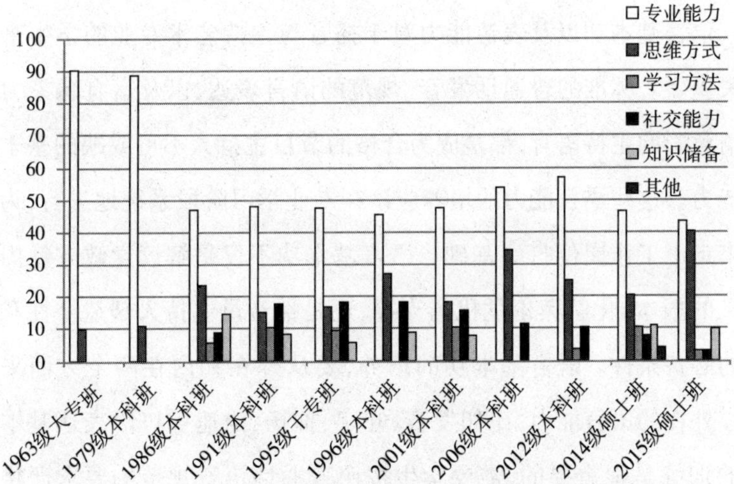

图 4-1　您在学校获得的哪些方面成为工作中最大的优势？

中央广播电视总台新闻中心新闻播音部主任、《新闻联播》主持人康辉在接受采访时表示:“可能现在媒体的发展,有人认为只要语言表达不构成交流障碍,从事播音主持行业就没有问题,但是我一直觉得,如果你拥有了很好的表达技能,有很好的声音状态,只会给你加分,这是能增加竞争力的。但我还是认为基础这部分应该加强,目前大家对基础的重视程度还是不够。从近几年的实习生情况来看,基础打得不够牢,甚至到了实际应用的阶段,到了一线工作岗位上,经常会出现回炉和返工的情况。这一方面与学生的重视程度有关;另一方面,教学中对基础的重视程度应该再加码、多督促。”担任过 1979 级等多届播音本科班班主任的王克瑞在采访中说:“学校培养的是什么?是能力。什么能力呢?还是张颂老师的那个观点,是语言能力。这个基础打好了,将来才能应对各种状况、各种节目,教学上这点基础的东西一定要盯住。”中国传媒大学播音主持艺术学院历来重视培养学生的专业基础和语言功力。学院不仅重视在课堂上培养学生扎实的基本功、深厚的语言功力,而且还通过系列比赛和活动不断地强化学生的专业能力、语言功力。

语言基本功以及表达能力对于播音与主持艺术专业的学生来说至关重要。标准的普通话发音、规范的语言表达,以及富有感染力和感情色彩的主持语言,都是成为合格的节目主持人不可或缺的基本语言能力。这些语言能力的培养应该在专业学习阶段系统地进行,为其将来走上工作岗位打好基础。语言基本功不仅是解读党政方针内在要义的根本,化解舆论危机的支撑,还是播音员主持人塑造个性和风格的必备条件。语言基本功的培养,要从外在和内在两个方面来进行。外在的语言能力,比如发音、吐字、抑扬、语速等口语表达基本技巧的训练是很重要的,需要学生按照普通话语音规范的要求严格练习，同时还要注意选词用语的准确，规范语音和语法。但是仅仅具备外在语言能力还是不够的，播音主持工作不仅仅是信息的传达，更是情感的传递，要与受众进行情感的交流与沟通。即便是在朗读和播报文本的时候，也要把文本内在的含义和感情色彩表现出来，这样才能够感染受众，发挥传播媒体的影响力。

一、“齐越朗诵艺术节暨全国大学生朗诵大会”——探索诵读人才培养之路

（一）发扬传统优势，提高专业素养

多年来，中国传媒大学播音主持艺术学院坚持“用语言传播民族文化，用语言塑造民族精神”的宗旨，积极发扬有声语言艺术在人才培养方面的优势，以经典诵读为载体和抓手，提升青年人的文化素养，引领青年人的价值取向。中国传媒大学播音主持艺术学院院长鲁景超的另外一个身份是政协第十二届全国委员会委员，她曾经提交过“设立首都全民朗读日”的提案。近几年鲁景超委员提交的提案内容大部分是关于推广朗读活动。长久以来，她以传扬中国语言文化为己任，身体力行地推进着普通话及诵读艺术的普及。“齐越朗诵艺术节”创办于1996年，起初这个艺术节只是学校的一个朗诵活动，是中国传媒大学播音主持艺术学院探索诵读人才培养之路、开掘诵读艺术文化价值的实践尝试。2013年它发展成为由中国传媒大学播音主持艺术学院承办、教育部主管、国家语言文字应用管理司与中国传媒大学联合主办的“齐越朗诵艺术节暨全国大学生朗诵大会”（以下简称“齐越节”）。目前该项活动已成为国内朗诵艺术界的知名品牌。齐越节举办20多年，在高校青年中引起了强烈反响，并从中国传媒大学的校园活动逐渐发展为全国性诵读盛会。仅2016年，大赛就收到了来自172

所高校的近千部作品，覆盖面不断扩大，参与人数逐年增多。形式也逐渐演变为涵盖诵读、讲座、研讨会、公益演出等多项内容的系列活动。中央电视台《新闻联播》《新闻直播间》《文化十分》，北京电视台《特别关注》，中央人民广播电台、北京人民广播电台、《中国青年报》、《中国教育报》、人民网、光明网等媒体均以新闻或专题节目的形式对齐越节进行了报道。

综观近几年齐越节，每届都以特有的主题倡导经典作品诵读、传承中华传统文化、弘扬社会主义核心价值观，参与者在不断地打磨、切磋中提升专业素养的同时，也是在认识、感知、传承中国传统文化，接受正确的世界观、价值观、人生观。在齐越节这个平台上，来自传媒业界、文化学界的专家与青年人共话语言艺术魅力，畅谈诵读创作心得，润物无声地培养学生对语言的热爱、对诵读的追求。播音主持艺术学院以齐越节为契机，提升播音主持人才的专业素养和语言功力。从这个角度来说，齐越节在培养优秀的播音主持人才方面贡献颇大。

2014 年第十六届齐越节以“同抒爱国情，共传华夏声”为主题，用优秀的朗诵作品传承中国文化、弘扬社会主义核心价值观，为实现中国梦助力添彩。共有 130 多所高校参加此次齐越节，齐越节期间还同时举办了“我们爱读书”系列名家讲座、“朗读活动与社会主义核心价值观建设”专题研讨会等活动。

2015 年恰逢中国人民抗日战争暨世界反法西斯战争胜利 70 周年，为铭记历史、振奋民族精神、弘扬社会主义核心价值观，该届齐越节以“纪念中国人民抗日战争暨世界反法西斯战争胜利 70 周年”为主题，共有来自全国 143 所高校的 758 部优秀作品参赛。

2016 年的齐越节以“雅言诵经典，真情咏中华”为主题，通过大学生和朗诵艺术家们的演绎，展示了中华传统经典诗文之美，体现了当代大学生的价值观念和家国情怀。

中华民族五千年流传下来的经典文学作品，蕴藏着丰富的文化传统和精神财富。朗读珍贵而美好的文字，就是在与历代先贤进行高雅且有品质的心灵对话，就是在追寻、感受浩瀚且睿智思想的心灵历程。为了响应“十八大”及习近平总书记系列讲话的精神要求，大力弘扬中华民族优秀传统文化，2016 年的齐越节以朗诵经典的古典诗文为主。来自全国 172 所高校的 901 部作品经过激烈角逐，30 部作品进入全国终选，并有若干优秀作品参与到中山公园音乐堂的经典古文朗诵展演中。

2016 年新增的中山公园音乐堂展演是“齐越朗诵艺术节暨全国大学生朗诵大会”品牌第一次真正意义上走向社会、走进广大民众。国家一级演员焦晃、著名朗诵艺术家方明、著名配音演员曹雷、著名配音演员徐涛、蜀派古琴演奏家黄明康，以及知名主持人长啸、杨晨、王凯、曾湉等纷纷登台，与学生共同呈现了一场精彩纷呈的视听盛宴。展演既展示了中华传统经典诗文之美，又深化了广大学子对中华传统文化及社会主义核心价值观的认识，体现了当代大学生的精神风貌与情怀。

2017 年，第十九届“齐越朗诵艺术节暨全国大学生朗诵大会”恰逢齐越朗诵艺术节创办 20 周年，以“共诵中华经典，同抒爱国情怀”为主题。展演不仅有《岳阳楼记》《少年中国说》《三国》《夜雨·蒹葭》等展现中华传统文化精髓的古典文学作品演绎，还有《青春万岁》《光的赞歌》等经典现代诗文的群体诵读，以及《老人与海》《基督山伯爵》等国外文学作品片段的展示。来自中央人民广播电台、中央电视台、北京人民广播电台、北京电视台等媒体的优秀播音员、主持人、记者带着对母校的深情、对传媒行业的专情、对有声语言艺术的热情，倾心演绎了《这里是北京》《在中国大地上的报道》等诗篇。

来自中国传媒大学、清华大学、北京大学、重庆大学、辽宁大学、河南大学、东北师范大学、暨南大学、苏州大学、澳门科技大学、台湾世新大学等高校的学子共同奉献了精彩的节目,展现了当代大学生积极向上的精神风貌。西北师范大学的留学生(分别来自俄罗斯、哈萨克斯坦、吉尔吉斯斯坦、苏丹)则以汉语为纽带、以古代丝绸之路为线索上演了《边塞古诗串烧》。在校大学生、留学生、媒体一线校友和朗诵艺术家同台,用有声语言艺术创作彰显文化自信,展示中华优秀传统文化之美。

时任教育部语言文字应用管理司司长、博士生导师的姚喜双在接受笔者采访时说:“播音主持艺术学院在齐越节的进一步开拓上,尤其是在跟教育部语用司联合主办后,我们和鲁景超院长配合得非常好,齐越节的影响力也逐步扩大,现在已经成为国家级的朗诵盛会。我认为通过这样的平台来构建校园文化、打造人才培养的模式、加强人才实践能力的培养是非常成功的。”

“齐越朗诵艺术节暨全国大学生朗诵大会”从专业实践和基本功锤炼的角度,深化播音主持人才培养模式的立体化。参赛稿件在内容上普遍具有时代烙印,透视出当代青年的视野范畴,而且在形式上也延展了有声语言艺术的审美维度,传承和丰富了中华语言文化。历年系列活动的成功举办,使得中国传媒大学播音主持艺术学院无疑成为该领域的意见领袖,其在经验积累的基础上不断深化人才培养体系,并在全社会营造出学习语言、欣赏语言、享受语言的良好氛围。

(二)培养学生社会服务意识,搭建沟通桥梁

长期以来,中国传媒大学播音主持艺术学院十分注重培养播音主

持人才的社会关怀与责任意识。从 2008 年开始，每届齐越节结束后，学院便将当年参赛的优秀作品带到首都图书馆进行公益演出，意在让更多优秀的诵读作品走向社会，让普通百姓也能感受朗诵艺术的魅力。学生用声情并茂、全情投入的演出回馈社会、服务民众，培养了大众的文化责任意识。

为了培养学生的社会责任感、服务意识，中国传媒大学播音主持艺术学院还积极与社会各相关机构合作，组织学生为盲人录制有声读物，参与公益活动等，真正实现了学生为社会公益发声、代言。从 2013 年开始，学院持续开展志愿者公益活动“支持英才成长‘乡村·中国梦’爱心素拓计划”。作为志愿者的播音学子与近 500 名来自东中西部地区包括四川雅安地震灾区的孩子进行交流，为他们展示生动、有趣、富有活力的有声语言表演。孩子们收获了快乐、领略了朗诵艺术，播音与主持艺术专业同学们的爱心、奉献意识也渐渐被培养了起来。

除此之外，学院定期带领学生到港澳地区、西部地区进行文化艺术交流活动，拓宽学生视野，搭建不同地区朗诵艺术的桥梁。2016 年，在齐越节举办前夕，播音主持艺术学院师生共 14 人赴澳门、香港，历时 6 天，完成了内地大学生优秀朗诵作品港澳展演交流系列活动，与港澳大中小学生进行了深入的文化交流，充分展示了语言文化的魅力，推动了普通话的普及与应用，进一步促进了内地与港澳师生间的文化交流与情感融合。2016 年 9 月 18 日，学院师生一行 10 人赴甘肃敦煌展演交流，完成了为期 6 天的“高雅艺术西部行”活动。返京途中，随行同学纷纷表示，此行他们既是传播者，也是受益者，从孩子们身上，他们看到了自己的责任，看到了语言艺术连通着心灵和梦想，朗诵艺术可以浸润人生。作为播音与主持艺术专业的学生，他们意识到，未来不仅仅是从事一份可以出头露面的工作，更要担负起作为文化使者的重任。

2017 年 5 月，内地大学生优秀朗诵作品在香港、澳门开展了为期 7 天的展演活动，播音主持艺术学院的领导及师生为本次展演进行了为期一个多月的认真排练，旨在为港澳同胞带来精彩的有声语言艺术演出，共同感受我们的文化之美。在 7 天的展演中，播音主持艺术学院师生将动听的声音、真挚的语言、经典的作品完美地呈现在展演中，以语言文字的形式为香港回归祖国 20 周年送上了美好的祝福。长久持续地开展这种交流活动有利于增进内地大学生和港澳同胞的情谊，共同在有声语言的世界中感受家国情怀。

学院一直秉承培育有家国情怀、有责任担当的传媒人的教学目标，将有声语言创作、传播与社会活动、公益活动相结合，推动语言精品传播走进港澳台和偏远贫困地区。这些活动坚守了艺术创作“从群众中来，到群众中去”的理念，是传播成果共时性、共享性的体现，受众在其中也感受到了全方位、无差别的体验。只有充分了解国事民情，才能在语言表达的过程中言之有物、言之有理、充分激发受众的同理心。人才培养的终极目的不仅是培养具有较强专业能力的人，更应该是培养出一个灵魂饱满、有思想、有温度的“大写的人”，这也是学院多年来人才培养的重要心得。

二、“新闻播音主持基本功大赛”——以创新方式弘扬传统播报优势

鲁景超在文章《传媒变局对播音主持人才培养的影响和要求：基于对中国传媒大学毕业生的问卷与访谈》中说：“事实上，中央及省级媒体一直需要规范庄重、严谨大方的，能够担任日常新闻尤其是重大

新闻事件播报的播音员主持人。比如2015年的‘九三’大阅兵解说就引发了一场较为热烈的讨论，讨论背后折射的就是对这种仪式性强、能够代表国家声音形象的播音员的强烈需求。”①

在日新月异的当下，播音主持这个具有50多年光荣历史的特色学科既要继承传统，又要开拓创新。以工匠精神坚持基本功训练，坚持规范质朴、鲜明生动地播报，坚持新闻语言的标杆，是学界和业界的共识。新闻播音主持的创新离不开对传统的坚持和对基本功的锤炼。播报一直是播音主持艺术学院的“拳头”产品、传统优势，为加强新闻播音基本功，强化勤学苦练的工匠精神，以创新方式弘扬新闻播报，2016年春天，学院启动首届新闻播音主持基本功大赛。

新闻播音主持基本功大赛借鉴了国家新闻出版广电总局已经开展了两年的岗位技能练兵竞赛，完全与一线实践接轨。新闻播音主持基本功细化为四个比赛项目：辨义识音、新闻播报、新闻复述和新闻专题片解说。这四个项目内容不但与一线的业务要求接轨，而且是校内教学训练的重点，是业界和校内学习的共同关切点，也是进一步明确、强化与一线交流和进行实践教学的结合点。新闻播音主持基本功大赛经过校内初赛、复赛的层层选拔，2016年5月28日，12名优秀选手来到北京电视台青年频道《状元榜》演播室，进行巅峰对决。中国传媒大学播音主持艺术学院院长鲁景超说：“比赛与日常教学紧密结合，旨在推动和激励同学们苦练基本功，在基本功训练的热情与乐趣中挥洒青春，琢玉成器，将新闻播报等传统优势发扬光大。让字正腔圆、堂堂正正的新闻播音深入人心。”以赛代练，通过大赛的形式激发教学活力，带动学生学习的热情，这是一次成功的播音主持人才培养模式的

① 鲁景超. 传媒变局对播音主持人才培养的影响和要求：基于对中国传媒大学毕业生的问卷与访谈[J]. 现代传播，2016(4)：12.

创新。

此次基本功大赛融入了“网络分享”的理念，使大赛与新媒体传播形态密切接轨。同时还引入新媒体传播互动方式，“北京时间24小时视频新闻直播资讯平台”“360网络直播”陪伴赛季全程。基本功大赛期间，每天早晨7点半到8点，点开手机上的“360智能摄像机”App，便能看到明德湖畔学生清晨练声的网络直播。“播音小水滴”报道组轮流排班，为网友们报道直播现场。水滴直播从青涩到逐渐成熟，不但成功地将基本功大赛做了网络直播和网络分享，而且还锻炼了学生用新媒体进行互动传播的能力。

通过几年的探索，播音主持艺术学院逐步摸索出一条特色实践教学的道路：抓住青年学生的兴趣点、国家战略的制高点和业务教学的切入点；尊重教学规律，因事而化、因时而进、因势而新。以赛促练不但成效明显，而且密切与一线用人单位进行交流与联系，给学生提供多方面的机会。在此过程中，思想政治工作与教学业务工作齐头并进，如盐入水，自然深入。在当今的媒介环境下，新闻播音主持业务基本功是学界和业界的共同关切点。强调勤学苦练的工匠精神，不但是播音与主持艺术专业的看家本领和重要基石，也是创新发展的重要动力和源泉。练习基本功就是播音与主持艺术专业学生的日常生活，如同一餐一饭、一呼一吸，生生不息，也声声不息；同时，基本功也是一个不断丰富的概念，既需要继承，又需要随着媒介环境的发展不断深化内涵。

对于播音与主持艺术专业这样一个实践性很强的专业而言，比赛有效地激活了学生的学习主动性，调动了教师对于提升教学水平、加强基本功训练的积极性。

第二节　疏通渠道，搭建平台，精心打造“辩与论”公开课

播音主持人才培养离不开实践教学，尤其在今天这样一个媒体融合的大环境下，媒体对人才的要求越来越高，除了要求学生有出色的专业能力、深厚的文化积淀外，用人单位还特别重视学生的思辨能力、评论能力、组织能力、实战能力。如何让学生在校期间就能提升这些方面的能力，顺利实现学校和工作岗位的无缝衔接，以便日后胜任充满挑战的播音主持工作呢？中国传媒大学播音主持艺术学院把全国政协重点提案作为大学生思想政治教育的新载体和切入点进行了探索。从2015年起，全国政协委员、中国传媒大学播音主持艺术学院院长鲁景超把全国政协每年的重点提案带进课堂，以“辩与论”公开课形式，将党和国家大政方针融入专业实践教学，教育引导大学生关注党和国家重大决策部署，使其在亲身参与中受到教育。

一、“辩与论”公开课的背景和缘由

（一）培养“有社会担当、有人文精神、有家国情怀”的传媒人才

中国传媒大学播音主持艺术学院是我国培养广播电视播音员主持人高层次人才的摇篮，多年来一直坚持培养“胸中有大义、心里有人民、肩头有责任”的新一代大学生。中国传媒大学播音主持艺术学院的毕业生遍布从中央到地方的各级广播电视机构，许多人已经是全国或地方家喻户晓的播音员主持人。

习近平总书记指出，青年最富有朝气、最富有梦想，青年一代有理

想、有担当,国家就有前途,民族就有希望。如何让高校青年关注政府决策,真正了解中国国情,了解老百姓的生活,是使他们形成理想,敢于担当的关键。作为我国播音主持高层次人才的培养基地,中国传媒大学播音主持艺术学院希望探索出一条令当代大学生思想政治教育与专业教育相融合的新路径,打通一条让青年学子参与研讨国家政策的渠道,敦促他们主动走近党和国家的方针政策,主动走近人民群众,以期培养出一批批党的政策主张的传播者、时代风云的记录者、社会进步的推动者、公平正义的守望者。

对比 1998 年版和 2015 年版《中华人民共和国高等教育法》可以看到第五条“高等教育的任务”在原来的“培养具有创新精神和实践能力的高级专门人才”的基础上增加了“社会责任感”这个定语。为了培养富有社会责任感、接地气、有担当的新闻人才,适应全媒体时代的传媒需求,锻炼学生的思辨能力,培养学生发现问题、解决问题的能力,鲁景超院长在教学中探索性地提出把全国政协的重点提案作为议题,让学生们下乡参与提案调研,近距离感知国家发展的脉搏,并在调研、学习、思考中成长。她的想法得到了全国政协提案委员会及中国传媒大学领导的大力支持。

播音主持艺术学院从全国政协的提案、议案中选择了一些中央高度重视、百姓普遍关心的内容,融入专业课的教学实践当中。将全国政协提案与最具活力的未来传媒人联系起来,打通学生参政议政的渠道。2015 年,学院以“农村土地确权与流转”为主题进行讨论、辩论及实地调研。2016 年 9 月,第二期辩论训练营正式启动,以“精准扶贫”为主题进行学习、调研、讨论,最后以“辩与论”公开课的形式呈现。2017 年,以“古村落保护”为主题。“辩与论”公开课采用实地调研、专家讲座、主题研讨辩论、采访地方官员和专家点评的方式,培养了学生的政治意识和大局意识，这种做法对培养接地气、有担当的新闻人才，提高学生的思想政治水平是大有裨益的。

（二）培养学生思辨精神，培育独立思考品质

网络的碎片化传播催生了感性表达的习惯，很多非理性思维或者非黑即白、非此即彼的二元对立语境对民众尤其是青少年影响很大。互联网技术的飞速发展，使得每一个社会个体的表达渠道和途径大大增加，个人意见的影响力也在大幅度提升。但是，随之而来的是大量有识之士对网络上话语内容质量的担忧。大量个体意见呈现出单一的情感宣泄、谩骂以及非黑即白、缺乏理性思辨的黑色元素，尤以青少年群体为主。因为复杂的历史原因，我国当代的青少年缺乏哲学教育，基本没有经过系统的辩证思维训练，因此造成了思考和阐述问题的角度单一、认知片面和理解碎片化等状况。思维模式是沟通文化与语言的桥梁，语言表达背后折射的其实是一个人的思维状态。混乱和极端的思维模式很可能导致语言表达能力和效果的失衡。因此，如何引导他们在众声喧哗中保持独立思考的品质，培养他们的辩证思维能力就显得尤为重要。

二、全员育人、全程育人、全方位育人

中国传媒大学播音主持艺术学院在人才培养方面具有许多优良的传统，其中集体备课、统一教案，是学院坚持多年的传统。一方面保证学生得到较为均等、一致的学习内容；另一方面，优秀老教师能更好地将经验传递给年轻教师，做到老中青无缝衔接，统一提升教师团队的授课水平。这次的“辩与论”公开课更是将“集体备课”提升到了全

员育人、全程育人、全方位育人的高度，不管是学生还是老师都受益良多。

（一）主要做法——全国政协重点提案成为大学生调研与讨论的主题

“辩与论”公开课的主要流程是：筛选出适合的重点议案作为“辩与论”公开课的主题，然后请有关部门领导来学院为学生开设讲座，进行国情与政策方面的知识培训。组建“辩论训练营”，将“辩论训练营”中的学生分成若干小组，每个小组配备一名指导教师。每个小组带着问题分赴国内不同地区进行调研。调研回来后，学生对得到的一手材料进行梳理分析，最后在演播室中以“辩与论”公开课的方式进行呈现。

2015 年，围绕“农村土地确权与流转”这一主题，学院邀请了中央农村工作领导小组副组长、办公室主任陈锡文，全国政协、农业部、国土资源部、教育部等相关部门的领导，相关提案的提案人和学者为“辩论训练营”中的学生授课。之后，学生分赴河北省唐山市、平泉市，黑龙江省阿城市，北京市通州区、昌平区、大兴区调研，归来后举办了第一届书生意气，聚焦三农——关于“农村土地确权与流转”的“辩与论”公开课。

2016 年，围绕“精准扶贫”这一主题，学院邀请了国务院扶贫办原主任范小建、全国政协委员徐晓兰、清华大学公共管理学院副院长王名、全国扶贫基金会秘书长刘文奎、国务院扶贫办曲天军等多位农业、扶贫、经济等方面的专家为“辩论训练营”中的学生开设培训讲座。之后学生分赴云南省漾濞彝族自治县，河北省万全县、崇礼县、沽源县等地进行调研，归来后举办了第二届书生意气，知行合一——关于“精准扶贫”的“辩与论”公开课。

2017 年，同学们依旧聚焦农村，以全国政协重点提案“古村落保护”为主题，双脚跋涉在农村泥泞的土路上，头脑思考着乡村的出路。师生代表分赴湖南、云南、贵州、山东、山西、北京，与古村落居民深入交流，关注传统村落保护现状，探讨潜在困境及可能出路。

全国政协提案委员会驻会副主任田杰，全国政协办公厅秘书局局长刘晓冰，农业部农村经济体制与经营管理司司长张红宇、副司长赵鲲，国务院扶贫办国际合作和社会扶贫司巡视员曲天军，北京电视台常务副台长韦小玉等专家出席并观摩第三届书生意气，知行合一——关于全国政协重点提案“古村落保护”的“辩与论”公开课。

（二）活动面向全体学生，口语传播系全体教师参与

值得一提的是，“辩与论”公开课是面向全院学生开放的，学生层次包括本科生、双学位、硕士生和博士生。只要学生有兴趣、有意愿就可以报名参加。辩论训练营在每年的 9 月份开营，开营后，学院遍邀农业、扶贫、经济等领域的专家来做讲座，开阔学生视野，丰富专业知识，与此同时还有专门提升辩论技巧方面的培训，从专业技能的角度提升学生们的辩论技巧。

在此过程中，口语传播系全体老师全程参与。很多教师在带领学生准备辩论的过程中，查资料、帮助学生分析问题、找突破点的同时，也提升了自身的思辨能力和教授课程能力。由于教师所处的位置和角度不同，他们又将这些能力运用到其他课程的准备和讲解过程中，这无疑具有带动、辐射效应。另外，教师带领学生学习党的方针政策，阅读相关书籍，带领学生下乡调研，真正走进农村，接触最具泥土气息的人和事，他们会对党的政策、基层情况有更多的了解，在今后的授课、分析稿件过程中就会有更加深入、真实的感受，也会感染和带动更

多的人，而不是“两耳不闻窗外事”，仅仅在象牙塔里做学问。

“辩与论”公开课可谓是一个双赢的活动，既锻炼了学生的思辨能力，培养了他们的社会责任感，又使口语传播系的教师得到了提升和锻炼。

播音主持艺术学院党委书记郑维林这样说：

> 习近平总书记讲了全过程、全方位育人。全过程怎么体现？学生在学校里最主要的是学习，把思想政治教育融入学习过程中是非常好的融合点。要做到融合有两方面很重要，这两方面也在我们这个活动过程中有所体现。
>
> 一个是把形式和教学融合起来。“辩与论”这种展现形式是我们教学需要的。辩论、讨论、访谈，这些都是学生提升专业素质所必需的。从问题入手，从专业入手，这样“本”和“形”之间就很好地融合在一起了。
>
> 另一个是以什么内容去讨论，这是需要特别设计的。鲁景超是全国政协委员，她把全国政协的重要议题拿出来让大家讨论。在讨论的过程中，学生的专业技能得到了提升，同时，他们的思想境界肯定也会有所提高，认识也会更全面。学生们不仅认识到了中国的国情，认识到了农民的不易，认识了勺子、舀子，认识到农村很多的现实问题，更重要的是学生认识到党的政策到底是怎么回事，中国共产党的领导到底是怎么回事，中国共产党和其他政党的区别到底是什么。2016 年的选题让学生在这方面非常有感触。“扶贫”从某种高度上讲是党的宗旨和性质，是必须要去这么做的。
>
> 虽然参加辩论营的学生有 180 多人，调研只有几十人，但是这个活动所造成的影响，在这些孩子身上是有辐射作用

的。在讨论之前，一个班的班主任跟我说，班级召开"学宪法主题班会"，会后，班里参加调研的 4 个孩子，向大家介绍了调研的感受，全班同学都很感动。这就说明这个活动不仅仅是一部分人的事情，而是全院的事情，虽然没有人安排、布置他们去讲解，但是他们自发的讲解却带动和感染了更多的学生。我想这就是全员育人、全过程育人。[1]

三、各方的反馈

（一）学生的收获

以社会实践为导向，以"辩与论"公开课为形式，将国家的大政方针融入专业教学当中，瞬间点燃了学生学习、调查和研究的热情。为了查找文献资料，参加辩论的学生一度把学校图书馆中的《资本论》借光了；为了了解政策方针，有的学生发动全家人给自己寻找每年的中央一号文件；为了准备辩论赛，深夜一两点，学院的许多教室仍然灯火通明，他们还在热烈地讨论着"精准扶贫"的问题。

盘点调研后所取得的材料，学生们发现关于"精准扶贫"的有些问题没有调查到，有些问题调查得还不够细致深入。于是，在 2016 年 11 月底，他们冒着大雪又去河北省承德市的滦平县、隆化县，张家口市的沽源县、崇礼县、万全县进行补充调研。零下 20 摄氏度的气温也无法阻挡学生们的热情，调研活动取得了良好的效果。

有了前期的热情投入，后期的收获是满满的。当学生们第一次听

① 根据对时任中国传媒大学播音主持艺术学院郑维林书记的采访整理而来。

关于土地确权与流转的政策讲座时，有的学生因为缺乏相关知识，听不懂，在讲座现场竟然睡着了。但是当他们从最基层的农村调研回来之后，提出的问题让中央农村工作领导小组副组长、办公室主任陈锡文连声称赞："很专业，了不起，确实下功夫了。"

在带领学生下乡调研前，带队老师给学生们布置的作业是：一是要学会通过跟农民聊天，了解真实情况；二是要学会算账，算生活账、生产账、物价与成本账；三是要学会找缘由，了解现状；四是要尝试找到脱贫的出路，现状、症结、结论缺一不可。辩论赛结束后，在谈到几个月全程参与下来的收获时，学生们的喜悦溢于言表，他们纷纷表示在立场、观点和情感上发生了一系列变化。

2014 级播音本科班的陈壮说："国家扶贫政策真的很好，但我的喜悦不像当初想象的那么多，因为扶贫工作太难做了。我理解了国务院扶贫办原主任范小建在讲座中说的'请给实践一点时间'这句话的深刻内涵。"

2015 级硕士研究生袁肖琨说："这是我第二年加入'辩与论'训练营。在第一次训练营开营时鲁（景超）老师对我们说'你们都是未来的国之重器'，这句话对我影响颇深。如何把这种担当与格局贯彻下去，做到知行合一，在这两年的'辩与论'训练营中我算是领会到了。真听、真看、真想、真感觉，无外乎此。作为一个普通的预备役新闻人，能够在学生时代有机会就'土地确权''精准扶贫'这样的国家大政方针展开学习，而且听最前沿的专家观点、最真实的基层声音，看最细致的数据图表、实际情况，了解政策的制定思路、国家发展趋势，这是我以前不曾想到的。这将是我能享用一生的财富。学艺术的孩子往往感性，但在这个活动中，我们学会了理性和冷静，更认识了现实。在学习和调研的过程中，我们见到了许多官员。其中有政策的制定者，也有政策的执行者。制定者身居高位,但对基层情况之熟悉,对不同面向的思考之全面令我们赞叹;执行者虽身处基层,但对于深层次矛盾的剖析,在实际工作中迸发的智慧之巧妙令我们讶异。我们了解了一个政策是怎么制定和实施的,也明白了现实的复杂性远不是在网上指手画脚的那些人能够想象的——我们从未离党的政策如此之近。”

2014 级播音本科班臧珈翊说:“在参加训练营之前,从来没有想到过自己可以离一项国家政策如此之近。从开始的枯燥无感、被动学习到后来油然而生的使命感,从开始的走马观花了解政策到后来的走进基层、脚踏黄土,从开始的天真想当然到问题意识的萌发,整个过程就是一个不断否定自己、重塑自己的过程。而在此过程中,我收获的不仅仅是思考问题的角度、语言表达的技巧,更是第一次亲眼看到、感受到贫困,第一次让自己的内心有这么大的触动,也是第一次让我有了如此想表达的欲望、有了如此强大的使命感——我想说话,我想让贫困户的生活因我们所做的、所坚持的有所改变,我想给他们带去更多的温暖,想让他们知道自己不是满眼无望孤立无援,还有一群大学生一直在关注着他们。距离或近或远,困难或多或少,我们要给他们希望。通过调研,我们感受到了党和政府的苦心和决心,也看到了基层政府的努力和工作人员的辛苦与奉献。”

2014 级播音本科班的王梓萌同学说:“调研的日子里,我们和农民一起吃住,一起扫猪圈,山里零下十几度,室内只有一个小炉子。我穿着羽绒服睡觉,半夜还被冻醒好几次,这就是我们调研的地方人们的生活常态啊!我们真切地体验到了什么叫贫穷。”

2015 级硕士研究生郑玥说:“看到大山深处竟然有这么贫穷的农民,我忍不住哭了。可能我今生不会和他们再见面,但我会一直惦记着他们,希望他们早日脱贫。”

2015级播音双学位牛强说："如果没有这些活动，我不可能如此深刻地去接触农村。我将一辈子都不会忘记，我的双脚应该扎在哪里，我的心里应该惦记着谁。"

2014级硕士研究生李虹剑在跟随老师参加调研后说："以前从来没有离农村这么近，离土地这么近，离农民这么近，这种学习形式不仅不枯燥，而且还十分有意思，十分有助于我们理解政策是怎么回事，新闻报道是怎么回事。"

2015级本科生李馨瑶在谈起连续两年参加"辩与论"公开课的感受时这样说："无论我一开始做了多少思想准备，但我还是低估了'精准扶贫'这四个字的分量。在这之前，我只是在文件和新闻中了解扶贫，许多疑问也仅限于猜测。而当我下乡调研，脚踩黄土，和农民、一线的扶贫工作人员、贫困户真正交流接触之后，我才发现之前的我多么天真！困惑和纠结的许多问题都只是臆想，都是因为'不够了解'而滋生出的矛盾。作为传媒人，就是应该扎根泥土！……我当了6年的政治课代表，过去的政治课，只是单纯地接受知识，老师教什么我就学什么。但今天，我愿意主动学习国家政策，去分析和探讨。这两年'辩与论'公开课对我们的影响不仅存在于当下，一定还会影响我的一生。感谢中国传媒大学赋能给我，在心中扎下对国家、对土地、对农村最深沉的关怀。"

（二）教师和专家们的反馈

时任口语传播系主任丁龙江这样评价"辩与论"公开课对教师团队的影响："对教师团队来说，第一个是掌握整体的形势。就是对媒体比较关心的内容、国家在决策层面关心的内容，有了一个宏观的把握，这是最主要的收获。第二个是了解真正困难的人群和农村基本的问题。针对具体的现实问题，尤其是农村问题中弱势群体的现实困难，有了更具体的了解。第三个收获是在指导学生的过程中，深化了对问题的理解，丰富了解决问题的方法。正是在这个过程中，教师能学会怎样指导学生，在讨论和辩论中间如何加深对某个问题的认识。教师在指导学生过程中与一般人看问题不同的是，他要学会怎样去指导学生，把这些问题给说清楚，所以这个倒逼着他把问题理得更细，从一个被动的接受者变成一个主动思考问题的思考者。教师要想指导好学生，他就得把逻辑关系解释清楚，要给出自己的看法。这一过程是作为教师的最直接的收益。……实际上也可以理解为教师在补记者、编导的课，媒体工作者应该有的一些技能，教师也应该有。”

时任口语传播系副主任、辩论队指导老师张路斯这样说：“从教师的角度，第一，我认为提升了教师的辩论技能。口语传播系，之所以没有管它叫广播电视口语传播系，就是因为我们希望我们的口语训练不局限于广播电视和媒体应用，而是要有一个拓展，这个拓展能够应用于社会的方方面面。当我们口语传播系建设得很完善的时候，我们培养的学生应该是具有很强的口语传播能力，既适用于媒体工作，也能够在社会的各个方面发挥自己的优势。所以口语传播系的课程内容应该是越来越宽泛，比如说辩论。通过‘辩与论’公开课，老师们对辩论技巧会有一些了解，同时老师们的思辨能力也会有所提升和拓展。现在针对很多问题，老师们可以帮助学生把背景分析得更深入、更透彻。针对学生在语言上、思维上出现的一些不合时宜的东西，老师可以及时把住关。这种辩论思维不只局限于辩论中，比如做演讲、做评论、做综艺都能用得上。第二，对于整个教师队伍的工作能力也是一个提升。就我们这个团队里的人来说有做过广播的，有做过媒体的，但是没有人组织过晚会。‘辩与论’公开课，它不是电视演播室的节目,而是晚会。起码从我个人的角度来讲,我现在组织晚会不像以前那么生疏了。这种能力的提升,其实跟专业是有关的,因为你越了解现场,你也就越知道学生们该怎么样去准备这个现场。我们的学生将来都是要面对镜头、走上舞台的,如果老师们不懂镜头、不懂舞台,那么在教学上是有缺憾的。另外,我们在训练的过程当中开始尝试使用网络直播的手法,这也为将来的新媒体工作做了铺垫。"

全国政协提案委员会驻会副主任田杰对"辩与论"公开课给予了充分的肯定:"同学们把自己提前做的功课放到农村、古村落中去,下到田间地头去深入了解,在学习、调研和思考的基础上把讲述、画面和录音录像有机地结合起来,体现了他们对不同地域政治、经济、文化、生态保护、宗教、习俗和生活方式的了解,对不同生产方式转化线索的了解,所以它是综合全面的。"

全国政协提案委员会副主任王国卿在现场观摩了"辩与论"公开课后说:"看了同学们的精彩发言,很受教育,很受鼓舞,这是教育事业的一个创新,是我们当代的大学生关心政治、关心国家大事、关心国家前途命运的一次实践活动。播音主持艺术学院举办这样一个辩论会,一方面说明艺术学院的学生非常关心党和国家的一些大事,另一方面能够把政治问题和教学完美地结合起来,将政协的提案和教学紧密地结合在一起。让我们的学生、让人民群众走向、走进人民政协,这是非常有意义的事情。"

全国政协文史和学习委员会办公室主任、九局局长刘晓冰说:"通过公开课,让学生对自己肩负的责任有更加明确的担当,我想这个目的就达到了。"

农业部农村经济体制与经营管理司司长张红宇表示:"中国传媒大学的学生提出的问题非常专业,看得出来,学生在提问之前包括在讲座之前做了大量的实地调查。”

辩论嘉宾指导黄东表示：“这个活动其实就是把辩论与实际性的议题相结合，充分发挥大学生的爱国热情、关心实事的兴趣点。然后把这种尝试变成真正的教学创新。我感到很兴奋。”

时任中国传媒大学党委书记陈文申在观看了“辩与论”公开课之后这样评价：“播音主持艺术学院关于全国政协重点议题‘精准扶贫’辩与论公开课，是一个非常好的教学实践的典范。从选题到策划，从调研到辩论，内容紧扣当下社会关心的问题，很有实际意义。

“大学生虽身在学校，但心系国家改革发展的进程，心系当下国家正在发生的重要变革。30 多年来，中国已有 7 亿多人实现了脱贫，按照国家全面建设小康社会的目标，到 2020 年要彻底消除贫困。所以，让大学生参与全国政协重点议题的调研，走近党和国家的方针政策，走近人民群众，感受国家的脉搏，特别有现实意义。

“这种教学模式构建了坚实的社会课堂。大学生走入社会，才能心系百姓。回到北京后，同学们还在担心贫困户能否安然过冬的事，我感受到的是学生们对中国国情的了解和一种家国情怀，充满着使命感。

“最近，在中央召开的全国高校思想政治工作会议上，习总书记特别强调大学要为学生们提供好第二课堂。其实，鲁景超院长带领学生们以这样的方式关注国家发展，是个新的创举。”①

（三）用人单位的反馈

“辩与论”公开课连续举行两年后，我们对用人单位进行了跟踪反

① 陈文申. 上好社会大课 播好中国声音[N]. 人民政协报，2016-12-14(9).

馈调查。

时任中央人民广播电台副台长赵子忠说:“我有几个没想到,第一个没想到是播音主持艺术学院的学生,能对‘三农’的问题了解得这么深刻;第二个没想到教学能通过这种方式来呈现我们对社会问题的关注;第三个是没想到我们的辩手,通过辩论这种方式,呈现出了我们播音主持艺术学院学生的特点和特质。”

江苏广电集团主持人管理部主任朱玉华说:“最大的感触是特别吃惊,播音与主持艺术专业的学生真了不得!很难想象播音与主持艺术专业的学生对扶贫政策如此的了解,而且很有自己的见解。这种教学上的创新非常值得称赞,以前都是在学校按部就班地学习,现在可以带着国家的政策去调研、去学习,可以说是大学生参政议政。我觉得现在的学生很幸福。”

北京人民广播电台新闻广播台长孙哲勇说:“让学生去一线,跟老百姓同吃同住,把老百姓的喜怒哀乐呈现出来,这就是回到新闻的本源。我觉得通过这种形式,学生们视野开阔了,也可以很快地找到理论和实践的勾连点。作为用人单位,我们也希望学生们能够多接接地气,这样才能很快地投入各种各样的报道中去。”

从用人单位的反馈可以看出,该项活动的开展解决了“头顶蓝天、脚踩大地、身在校园、心系百姓”的问题。身在北京的大学生们真正地下到田间地头、扎根泥土,与基层政府工作者、贫困农民同吃同住同呼吸,真听真看真吃苦;通过实地走访了解农村现状,亲身观察感受农村变化,深入理解和准确把握党和国家的大政方针与决策部署。这样的人才培养方式对于培养有人民情怀、有责任担当的新时代新闻媒体工作者有力、深刻、有效。

第三节　搭建校台合作人才培养平台

鉴于播音与主持艺术专业强调“理论＋实践”的特点，近年来，中国传媒大学播音主持艺术学院积极开展“实践教学”工作，与许多电台、电视台和社会单位联系，搭建了具有不同特色的联动实践平台。学生们在学校学习理论知识，在实践平台上进行练习，再由学校和实践平台中的“双导师”分别从理论和实践两个方面进行指导，取得了较大的成效，很好地提升了学生的实战能力和业务素养。

仅就2009—2014年，鲁景超院长带领学院师资团队分别与中央电视台新闻频道、体育频道及北京人民广播电台、首都图书馆、云南电视台建立校台联动项目，搭建实践教学平台。尤其是与中央电视台新闻频道合作的平台，受到中宣部的关注，中央电视台为此还特别制作了专题节目，对该项目进行推介。这些平台为有不同专长的学生提供相应的实习实践机会，或强化即兴评论能力，或强化新闻播音能力，或强化体育播音技能，或强化经典诵读能力，在保持总的语言传播风格的同时，促进学生个性化特色的培养和呈现。

一、与云南卫视合作——《主播新鲜看》

2011年4月11日早晨7点40分，中国传媒大学播音主持艺术学院和云南电视台联合制作的早间节目《新看点》在云南卫视播出，成功开创了在校生在省级媒体全程参与日播新闻评论节目的先河。播音主持艺术学院师生深度参与节目并承担了《主播新鲜看》版块的制作，播出后引起了业界和社会的广泛关注。这种由高校师生独立承办电视节目并在省级卫视播出的人才培养项目,在当时是极为罕见的,取得的成效也是有目共睹的。

(一)提升学生口语能力,增加现实选题的驾驭和评论能力

随着媒体格局悄无声息的变化,观众对节目的要求越来越高,需求也越来越丰富和细化。如何能紧随时代发展,培养满足媒体、受众需求的播音主持人才是高校工作的重中之重。“高等教育的使命就是出人才。那么,提高人才培养质量就是‘硬道理’,是工作的重中之重。具体到中国传媒大学播音主持艺术学院来说,硬杠杠就是能不能培养出更多的罗京、李瑞英、康辉、海霞以及李梓萌;是能不能培养出扛大旗、挑大梁、具有广泛社会影响力的播音员和主持人来。”①

播音主持艺术学院与云南卫视合作的《主播新鲜看》实践教学项目,是从原来的广播电视口语表达的土壤上生长起来的,目的是为了提高学生的口语表达能力。我们常说“有稿播音锦上添花,无稿播音出口成章”, 这样一个校台合作的平台以及在省级卫视播出的压力,真正实现学生的“出口成章”。

“作为早间新闻节目中播出时间仅有6-8分钟的版块节目,《主播新鲜看》的定位十分明确——提供信息、分享新知、扩展信息、短言评论。作为在校大学生,社会经验的缺失、职业经历的不足是他们从事此项工作的短板。但是作为准传媒人、年轻知识分子,他们的社会思考值得观众倾听。”②在专业老师的指导和把关下,学生不仅全程参与

---

① 鲁景超.构建校台合作机制,创新人才培养模式[M]//鲁景超.电视口语传播理论和实践.北京:中国传媒大学出版社,2012:1-2.

② 鲁景超.电视口语传播理论和实践[M].北京:中国传媒大学出版社,2012:90.

到选题、撰稿、采访、拍摄、后期等环节，了解节目制作全过程，而且还作为主持人就国内外热点话题以青年人的视角发表观点。回顾往期节目，学生们关心和讨论问题的广度以及观察问题的视角都是值得肯定的，既有涉及普通大众的国计民生，又有五花八门的热点事件，选题涉及的领域有生态环保、科技文化、慈善公益、健康生活、社会热点等。

在具体的节目中，不同的版块也很好地锻炼了学生不同方面的能力。如“主题资讯”版块着重锻炼学生的播报能力，吐字归音、用气发声这些基本功是否扎实在这里体现得一目了然，另外，话语样式的选择和运用是否灵活恰当也很关键；而“图说天下”则着重锻炼学生的读图能力、说话能力，是否能在谈话的过程中带入有效的、丰富的信息而不是一味地说“水词”；“主播看点”环节则着重锻炼学生的评论能力和把控能力，如何从一个大学生的角度看待现实问题、分析问题并形成具有逻辑性的语言链条，进而表达出来，是锻炼的目的。

项目运行三年，一群稚嫩青葱的年轻人，在一个覆盖将近 8 亿观众的卫视平台上，进行实打实的报道、讨论和评论，学生们获益匪浅。这种新型的实践模式为培养学生在群言节目中掌握控场和评论的能力开辟了新思路。

《主播新鲜看》参与者、2008 级播音本科班张悦（现为北京人民广播电台爱家广播内容加工部总经理、新闻广播《资讯早八点》主持人）在谈到《主播新鲜看》给他带来的收获时说：“在《主播新鲜看》期间我深深感受到，平时学到的播音知识还需要强有力的实践才能促使它发挥出来。在校期间有幸以准媒体人的身份参与电视台的节目录制，让我能够提早进入职业状态，为今后的工作打下了坚实的基础。

“如今我踏上工作岗位，更能深深感受到《主播新鲜看》给予我的宝贵经验。举一个简单的例子，如今我因为工作的关系，同样需要带领一些即将毕业的学生制作一档电台节目。由于学生缺乏媒体实践经验,一些基本的时间观念、播出安全观念、节目受众分析等达不到媒体人的标准,让人很着急。如果长期有一档节目交给学生去实践,'学与做'相结合,既能很快地提高学生们的专业水平,又能让他们提前进入职业领域,这样就可以为今后的就业打下坚实的基础。

"我通过《主播新鲜看》领悟最深的就是'受众为大'的理念。在不违背马克思主义新闻观和传播观的基础上,凡是受众喜欢的内容就是媒体人应该创作的内容。《主播新鲜看》让我原来一味地'练专业'的思路打开了,开始朝着一名真正'做内容'的主持人发展了。"

《主播新鲜看》参与者、2008 级播音本科班史蒂(现为央视电影频道主持人)在接受笔者采访时说:"一般播音与主持艺术专业的学生更擅长有稿播音。虽然老师们特别强调无稿播音,但多数在校生都做不太好。《主播新鲜看》很好地锻炼了我评论的能力、脱稿说话的能力。这种能力是用人单位特别注重的部分,也是作为全面发展的一个主持人的评判标准。我的看图能力、解读能力、独立思考能力、即兴评述能力都在《主播新鲜看》期间得到了锻炼并有了很大的提高。

"另外在具体节目准备过程中,每次我们都是自己制作 PPT、找图片、找素材或者是剪音频,最后把所有素材整合到一起,做成一期完整的节目。这也间接地锻炼了主持人在媒体工具使用方面的技能,为以后更好地融入工作打下了坚实的基础。在学校就能有这样一个平台让我们进行职业化的锻炼,毕业后进入正式工作就比较驾轻就熟了。感谢《主播新鲜看》给予我宝贵的工作经验和人生经历!"

近期,学院又将该项目内容拓展至新媒体平台,这既保障了在校生新闻评论能力的持续提升,又加强了他们在新媒体平台的优势。

(二)增加教师一线实战经验,提高口语课程能力

《主播新鲜看》这个项目不仅让学生从中受益,更重要的是丰富了教师的一线实战经验,很好地提升了他们的口语课程能力。

1. 丰富教师实战经验

传统的播音主持教学一般在教室、录音室、演播室里完成,虽然有一定的实践意义,但是离真正的一线实战还是有一定距离的,毕竟学校与媒体一线的工作状态是迥然不同的。很多播音与主持艺术专业的教师由于长期在校从事科研、教学工作,在理论及基础专业指导方面游刃有余,但是由于长期脱离一线,导致对当下的媒体情况不够了解,无法为学生提供更具针对性以及更有效的实战指导。《主播新鲜看》这个校台合作项目从某种意义上直接把教师、学生放在一线实战的环境里,真实的传播场景、变化莫测的新闻事件、省级卫视播出的严格标准以及收视的压力,迫使教师必须了解一线、参与一线,并把自身的理论基础知识真正与实践结合起来。

对于教师来说最直接的收获是学会了做节目,了解了电视平台的一个日播节目是怎么做的,对节目制作流程也有了了解。从导演到责编、导播、化妆、摄像再到后期、剪辑,团队中所有的老师几乎把节目流程中的每一个岗位都做了一遍,对于节目流程和岗位职责也更加熟悉了。在具体的实战教学中,老师不仅要针对学生的专业和上镜状态进行指导,还要承担起每期节目的组织工作,组织主播小组做选题、策划、外采、预演、录制,保证节目高效高质地完成;在节目制作过程中,老师们还要当好主编或者责编,对节目的内容、制作流程、质量、收视率等环节进行监控,选什么题、如何采、怎么拍、话语量如何分配、素材如何剪辑等都必须通盘考虑,因为任何一个环节出问题都可能导致整

个节目的失误。这种实战的环境、节目播出的压力以及全面把控的职责,都对老师们的实践能力提出了更高的要求,当然这个过程也很好地锻炼了他们的一线实战能力。甚至有人说,随时把《主播新鲜看》的指导老师放到电视台做节目,在任何一个环节都可以实现无缝衔接,顺利上手。难得的节目制作经历也为老师们更好地结合一线情况指导学生积累了十分宝贵的经验。

2. 提高口语课程能力

《主播新鲜看》校台合作项目的另一个副产品就是提高了教师的口语课程能力。《主播新鲜看》是在广播电视口语表达课程的基础上成长起来的,在三年的实战过程中,这个项目也对课程起到了很好的反哺作用。因为老师指导学生录制节目的过程其实等同于学生在上口语表达课,或者说在具体应用方面更有针对性地解决学生的个体问题。老师把这些经验跟教学结合起来,效果就大不相同。老师在节目录制过程中、在指导媒介实践的过程中教学生,学生在学习和实践时出现了问题,老师用专业的眼光进行专业的指导,学生能够从中有所受益,而且是实实在在、看得见的受益。这方面经验积累得多了,老师们的课程能力自然就提高了。

如在《主播新鲜看》的录制过程中,为了使节目录制的各个环节都能保证质量,老师和同学们就制定了一套严格的流程系统。学生先以年轻人的视角出发提出选题,完成选题申报表,并上报指导老师、责编、主编进行审核;修改审定后,学生再制订并填写采访计划表,再由指导老师、责编、主编审核修改;确认后,学生在采访的同时形成节目策划方案,所有工作完成后形成演播室录制方案。这样一个层层审核、层层修改、环环相扣的节目录制过程很好地锻炼了学生的逻辑思维能力和语言具体化能力。这个经验很快被运用到广播电视口语表达基础课程的教学之中,师生一起探索融通语言与思维的路径,极大地提高了教学效果。

《主播新鲜看》不仅仅对广播电视口语表达基础课程具有推进作用,对于普通话语音与发声、播音创作基础、电视新闻播音与主持等课程也有启示和促进作用。不同专业方向的老师也分别针对节目中学生出现的问题提出相应建议和解决方法,有效地提高了老师们教授课程的能力。

(三)反馈

《主播新鲜看》开创了校台合作培养人才的先河,取得了令人欣慰的成果,节目播出后受到了社会各界的广泛好评。

时任云南电视台台长的赵树清这样评价:“在我们云南电视台的早间新闻中,每天都有来自中国传媒大学播音主持艺术学院的新鲜面孔在这里清新亮相,给节目注入了强烈的青春气息,非常醒目。《新看点》以及《主播新鲜看》吸引了一大批年轻观众,优化了电视观众的结构,而且在提出绿色传媒发展理念,打造绿色平台之后,《新看点·主播新鲜看》成为我们云南卫视早间节目中特色鲜明的绿色支点。合作新模式、新闻新样态确实为我们双方都带来了实实在在的益处和可持续发展的希望。”①

时任中国传媒大学学报《现代传播》主编胡智锋这样评价校台合作项目:“这是一次有想象力、有魄力、有启发的合作,这次校台合作是多方面的‘活水’灌注,给我们带来各种清新的感受。这是成功的合作、双赢的合作、让我们兴奋的合作。也相信这样的模式会给人才培

① 鲁景超.电视口语传播理论和实践[M].北京:中国传媒大学出版社,2012:14-16.

养、科研创新带来更深入、更开阔的思路和更多、更好的机遇!”

中国传媒大学播音主持艺术学院院长、教授、博士生导师,本次校台合作项目的带头人鲁景超这样说:“一个只有十几个人的教师团队,带领着一群尚未走向社会的稚嫩的学生,独立承担一档省级卫视的日播新闻节目,其工作的难度、强度和投入的力度之大是可想而知的。但我们不仅坚持了下来,而且还要顽强地坚持做下去。因为,我们深知‘做下去’的意义不仅在于完成一个项目,更在于以此为契机,找到突破口,探索新路子。在‘校台合作’的教学改革实践中,在继承优良传统的前提下,我们不断根据新情况、新问题调整教学思路,优化实践环节,促使教学实践发生了四个转变:从教学资源封闭到开放的转变;从学生被动学习到主动创作的转变;从模拟训练到置身实战的转变;从等待挑选到主动选择的转变。”

时任中国传媒大学播音主持艺术学院书记俞述成表示:“校台合作能做成很不容易。现在就业形势严峻,社会亟须具备专业实践能力的优秀毕业生,播音与主持艺术专业这种实践性要求高的专业,更需要在教学中搭建更多这种校台合作的实践平台。”

中国传媒大学播音主持艺术学院分管教学的副院长李洪岩从宏观角度分析了《主播新鲜看》实践平台对于教学实践的创新启示,他说:“这个项目给我们的启发就是让我们可以有更大的想象空间,因为传媒给我们的不仅仅是一个舞台,而且还是我们传统课堂的延伸,甚至可以说是我们传统课堂的一部分。”他提出要立足于改变观念、主动破题、突破体系、构建新规;针对栏目的沟通机制、管理机制、评价机制、培训机制以及保障机制也提出了深入的想法,希望经过不断地创新探索,可以优化为可复制的模式,为今后搭建更多教学实践平台打好基础。

二、搭建传统主流媒体与新媒体相结合的实践平台

（一）与央视新闻频道、体育频道合作，共创播音主持人才合作平台

2011 年，中国传媒大学播音主持艺术学院与中央电视台新闻频道合作，开展实践教学项目，培养新闻播音人才。截至 2016 年年底，共有 63 位在校学生在央视播音部进行实习，并有 20 位实习生通过严格的出镜审核，在《新闻直播间》夜间时段进行出镜直播。在项目实习中，学生们进一步融入播音部的学习和工作当中，除了配音工作外，还参加了新台演练、部门活动等工作，开阔了眼界，锻炼了能力，在各方面都得到很大的提升。

此外，为了更好地培养体育主持与体育解说人才，2013 年中国传媒大学播音主持艺术学院与中央电视台体育频道建立了体育播音主持人才联合培养基地。该项目主要通过聘请全国优秀体育播音员、解说员、评论员对学生进行一对一“师父带徒弟”式的实践训练，为体育播音主持行业储备人才。2014 年播音主持艺术学院与央视体育频道合作并完成首期人才联合培养项目，由央视 12 名体育播音员主持人对学生进行一对一辅导，并邀请著名运动员姚明与《体坛周报》副总编杨毅为参与本项目的学生授课。在 2014 年 7 月世界杯期间，多位联合培养的学生被中央电视台、北京电视台等媒体选中，担任节目主持人和解说配音工作，曾侃、杨茗茗均在中央电视台体育频道下午档和晚间黄金档节目中出镜主持。

首期人才联合培养项目的成功也增添了学院继续探索体育人才培养的信心。2015 年，播音主持艺术学院继续举办了第二届体育播音展演大会，中央电视台新闻评论员白岩松、著名体育解说员王泰兴、金

宝成、张路、魏翊东、杨健，著名体育节目主持人张斌对学生的展示做了点评，并进行现场示范。为了锻炼学生与体育运动员的交流能力及采访工作能够顺利进行，展演大会特别邀请了王濛、李娜、罗雪娟、杨晨等体坛知名运动员作为嘉宾接受学生的访谈，嘉宾站在被访谈人的角度对学生进行实践指导。通过与这些经常出现在一线体育节目中的知名运动员互动，学生对体育播音、解说、访谈有了更深刻、更具体的了解和感受。一位参与访谈的学生说："以前不知道怎么说，现在跟着师父照葫芦画瓢，画着画着就会说了。"展演结束后，后期的指导继续跟进。播音主持艺术学院先后邀请北京电视台体育解说员魏翊东、广东电视台体育解说员王泰兴、中央电视台体育节目主持人张斌为展演中脱颖而出的学生上课。经联合培养的学生已分别在央视体育频道《天下足球》《NBA 最前线》，北京电视台《体育资讯》《天天体育》，以及乐视体育、腾讯体育等新媒体担任出镜主持、配音和解说的工作。

目前，这一联合培养项目仍在规范有序地运行，为培养优秀的体育播音主持人才贡献力量。

（二）拓展新媒体实践平台

在拓展新媒体实践平台方面，2016 年"两会"期间，中国传媒大学播音主持艺术学院组织 12 名学生代表参与了中央人民广播电台《直通北上广》栏目的培训和直播。学生们借助这个机会得以近距离地接触"两会"、参与"两会"，了解"两会"进程和国家的大事小情，在实战演练中不断塑造着自身的价值观；他们通过新颖的表现形式和特色语言，将他们对预定议题的理解、阐释和解读表达出来，从而在网络互动直播交流中引导、影响更多的人。

第四节　考核评价制度为人才培养保驾护航

一、教育部教学评估——宏观指导

2004 年 10 月，教育部成立高等教育教学评估中心，具体实施高等学校教学、办学机构教学和专业教学工作的评估。“评估指标体系的一级指标包括：办学指导思想、师资队伍、教学条件与利用、专业建设与教学改革、教学管理、学风、教学效果 7 个方面及特色项目。”[①]教育部高等教育教学评估从总体上对高校的教育、教学提出要求，保障高校教育的教学质量。

2007 年 9 月，教育部对中国传媒大学进行了本科教学水平评估。中国传媒大学播音主持艺术学院在按照教育部评估标准“以评促建”、分项达标的前提下，针对播音与主持艺术专业的特点，提出了以下几个特色：

> “一个依托”的办学特色——依托一线发展，引领专业走向；
>
> “两个属性”的人才特色——新闻性 + 艺术性；
>
> “三个并重”的师资特色——重教学 + 重科研 + 重实践；
>
> “四个结合”的教学特色——大课 + 小课，有稿 + 无稿，感性 + 理性，教书 + 育人；

---

① 吴郁，曾志华. 播音主持专业人才培养研究[M]. 北京：中国传媒大学出版社，2009：103.

> “五个互补”的发展特色——继承+创新、开放+自强、动+静、国内+国际、大众传播+人际传播。①

2017年9月25日至28日，教育部本科教学工作审核评估专家组对中国传媒大学本科教学工作进行审核评估。专家组按照评估工作方案，围绕学校人才培养效果与培养目标的达成度、学校办学定位和人才培养目标与国家和区域经济社会发展需求的适应度、教师和教学资源条件的保障度、教学和质量保障体系运行的有效度、学生和社会用人单位的满意度这五个“度”来展开。

如果把2007年的本科教学水平评估称为专业评估和评价的话，2017年进行的新一轮评估则为审核性评估。与2007年评估不同的是，这次评估不再是拿“一把尺子”衡量所有学校，而是所有学校自己制定标尺，各自参照标尺进行自评，然后再接受审核性评估。

播音主持艺术学院从定位与目标、师资队伍、教学资源、培养过程、学生发展、质量保障以及特色发展七个方面分别进行自评，顺利通过了教育部的审核性评估。

二、学院内部考评制度——具体保障

如果说教育部组织的教学评估从宏观上对高等学校教育教学进行指导测评，那么播音主持艺术学院内部的“四位一体”教学质量体系则是对高效率、高质量人才培养的具体保障措施。

---

① 中国传媒大学播音主持艺术学院．播音主持语音与发声[M]．北京：中国传媒大学出版社，2014：5.

（一）建立“四位一体”教学质量保障体系

坚持“学生为主体，教师为主导，学院辅助”的教学质量管理理念，建立和完善“决策、监控、评价、反馈”四位一体的教学质量保障体系。第一，决策管理体系依托学院多年来坚持的“党政联席会”制度，全院领导每周讨论一次教学质量中出现的问题，提出对策，由各系、部负责执行和落实。第二，质量监控体系包含人员监控（管理干部、教学巡视员）、制度监控、措施监控（教学检查、教学评估），对教学过程、教学状态、教学资源、教学质量实行动态监控，从严把好入学关、上课关、考试关、毕业关。第三，评价激励体系围绕教、学、管三大主体，不断完善激励机制，构建以教师课程教学为重点的教学质量评价，以学生实践能力为重点的学生综合素质考评，以系、部教学纯绩效和管理水平为重点的教学管理工作评价。第四，信息反馈体系构建由教学运行状态信息、人才质量社会需求和教学质量评价信息于一体的教学采集与反馈系统，及时反馈和解决教学过程中存在的问题，促进教学质量持续提升。

（二）多项举措保障教学效果

除“四位一体”教学质量保障体系外，播音主持艺术学院还实施多项具体措施保证教学效果，助力高质量人才培养。

1. 两级督导制度

多年来中国传媒大学坚持组织并实施教学督导制度。教学督导分两级，学校教学督导和学院教学督导。教学督导委员会也相应地分为校级和学院级督导两级。督导委员会专家又分为全职督导和兼职督导两类。全职督导，往往都是退休的老教师、老专家；兼职督导多为在职教师，比如现有的资深教师、院系领导等。

校级和学院级的教学督导要在不同的阶段，介入教学环节里面。比如，在备课阶段就介入进来，对课程准备过程进行监督、指导，如果有意见、建议也会及时指出。再如，在青年教师基本功比赛的时候、每一次试卷出完题以后，都会请相关的教学督导审核，教学督导的审核不是流程性审核，而是认真监督、给出建议，然后教学老师在教学督导的指导之下，再做相应的调整。在论文方面，每年教学督导也会对本科、研究生毕业论文做全面的检查，包括对论文的写作规范、质量等做监督检查，从而保证教学规范和教学质量。

2. 人才培养目标管理

我们设置了培养业界需要的语言传播高端人才的目标，在实际的教学当中也是奔着这个目标去努力的。在检验人才培养是否合乎业界需要的方面，我们从倒推的角度来审视所培养的毕业生能否在业界、工作岗位上得到认可，是否占据了重要的工作岗位，用人单位的反馈如何，等等，用事实标准来证明人才培养质量。值得肯定的是，目前从中央到省市的电台、电视台等传媒机构，主要业务骨干大多来自中国传媒大学播音主持艺术学院。

3. 专业课堂效果检验

从教学的角度来说，每个阶段都有相应的专业标准，比如课堂测评、综合测评、学期综合汇报等。以一个硬性检验标准为例，比如说如何来检验本科一年级的“普通话语音和发声”教学效果是否达标呢？一般来说是在二年级结束以后组织全体学生参加普通话水平测试。原则上所有学生应达到一级甲等水平，如果没有达到这个等级的话，再用相应的补修课程的形式，让学生不拿学分再继续补修，补修完成后再重新进行普通话水平测试，直至达到一级甲等水平。通过这种硬性的检验方式来确保教学的专业标准。具体检验课堂效果的方式还有许多，在这里不再一一列举。

4. 实践教学成果检验

除了对专业课堂效果的检验外，播音主持艺术学院还搭建了许多实践教学平台，开设了相应的实践教学课程，每门实践教学课程也都有相应的检验标准。比如与中央电视台新闻频道、体育频道合作的人才联合培养项目，与北京电台、电视台合作的实践基地，培养的学生是否达标，本科到了大三大四，研究生到了高年级，业界就会来挑选实习生——培养的学生是否能被挑中？挑中以后业界的评价怎么样？通过学生就业之前的实习、实践阶段的业界反馈，来看培养人才能否满足业界实习的要求。

本章小结

在教育学中，教育的内部规律是指教育内部关系基本规律，即“教育作为一个系统，它内部各个因素或子系统之间的规律，具体表述为社会主义教育必须通过德育、智育、体育培养全面发展的人”①。通过本章关于中国传媒大学播音主持艺术学院在怎样培养人方面的论述，我们可以看出，不管是以科研促教学，鼓励教师将科研成果转化为教学资源，带领学生做前沿问题探讨，还是以实践促教学，鼓励教师将实践体验带入课堂教学，抑或是以活动促教学（齐越朗诵艺术节暨全国

① 潘懋元. 潘懋元高等教育学文集[M]. 汕头：汕头大学出版社，1997：158.

大学生朗诵大会、关于全国政协重点提案的“辩与论”公开课、新闻基本功大赛、体育播音展演等活动）都是围绕着培养、提升有声语言的能力展开的。在发展专业教育的同时，注重提升学生在政治素质、责任意识、创新意识等方面的全面发展，这些举措和尝试完全符合教育学规律，符合教育为人的全面发展规律。

在所有的教学活动之外，由于播音主持艺术学院特殊的授课方式和师生关系，形成了独有的学院文化。教师、学生对于专业十分敬畏，只要是专业的事儿就是大事儿，一定会全力以赴。

由于播音与主持艺术专业小课授课的方式，老师们对待学生犹如自己孩子般的感情就这样一代代延续下来。“师者，所以传道授业解惑也。”中国传媒大学播音主持艺术学院的老师们除了课上认真指导学生练习之外，课下生活依然与学生保持着紧密联系。带学生外出录作业，请学生去家里吃饭，解决学生的个人问题、感情问题，等等。许多老师都有过半夜还在解决学生个人难题的经历，甚至有些学生毕业多年遇到生活中的难题还是会先给自己的大学老师打电话倾诉，寻求帮助。

所有的教学活动和因此而形成的学院文化，都是中国传媒大学播音主持艺术学院在培养播音主持人才的过程中，努力为培养全面发展人才而进行的有益探索和尝试，为新时期播音主持人才培养做出了自己特有的贡献，也为其他兄弟院校培养播音主持人才提供了有力的参考和支持。

结 语

经过分析研究中国传媒大学播音主持艺术学院的人才培养模式，笔者认为其对全国播音主持人才培养具有以下启示和借鉴意义。

一、人才培养目标和规格方面

（一）立足实际，培养符合时代需求的播音主持人才

从中国传媒大学播音主持艺术学院历届培养目标的对比当中我们可以看出，哪怕是一个极小的修饰词的改变，它背后隐藏的是对人才培养目标的调整，与之相应的是一系列课程、教学方式、方法的配合。而每一次微小的调整也都反映了时代需求的变化，如对比 1999 年的“从事广播电视播音与节目主持工作的复合型应用语言学高级专门人才”到 2014 年的“能在广播电视、新媒体等各类传媒机构从事播音主持工作及相关语言传播工作的复合型人才”可以看出，培养人才的工作范围、工作内容的广度、最终人才的落脚点都发生了变化，而这种改变正是为适应时代发展需要做出的调整。

从数据调查分析来看，媒体的发展尤其是新媒体的发展已经对学

生的就业、择业产生了影响，也势必对人才培养造成影响，因此在设定人才培养目标时应充分考虑媒体环境发展的大背景。

另外，不同播音主持院校的实际情况不同，学校的总体规划、所处位置、服务领域、学科特色的不同也决定了人才培养目标的不同。中国传媒大学播音主持艺术学院的办学定位是“引领提高全民族的语言能力和文化素养，引领播音主持艺术的专业走向，引领语言传播的高规格和高标准”①。全国政协委员、中国传媒大学播音主持艺术学院鲁景超院长在 2017 年“两会”上提交了《关于设立“全国朗读日”和“中华朗读季”的提案》，旨在弘扬经典诵读，让朗读成为一种习惯。除此之外，她还提出了《关于加快建立健全海外普通话培训测试中心体系的提案》和《关于建立内地大学生优秀朗诵作品赴港澳展演交流的长效机制的提案》，中国传媒大学播音主持艺术学院也在为培养“具有全球视野及使命感的语言工作者”而努力着。全国的播音主持类院校也可根据自己的实际情况设定具有自身特色的人才培养目标。

（二）坚守人才培养的基本素养

虽然在不同的时代、不同的院校，播音主持人才培养目标不尽相同，但是播音主持人才需要具备的基本素养是必须要坚守的，这就如整个人才发展的土壤和根基一般，有了这些基本的素养，才可能发展成为一个个合格的播音员主持人。姚喜双老师回忆道：“齐越老师给我和敬一丹上的第一课就是‘我培养的是人’，这个人是道德品行好的人、有独立思考能力的人、有创作的人、刻苦的人。”如果把“培养的是人”这个标准，分为不同素养的话，应该包括以下几个方面。

---

① 鲁景超. 关于播音主持人才培养模式的思考：写给“纪念人民广播播音七十年”[J]. 现代传播，2011(4)：126-129.

1. 政治素养

这似乎是一个老生常谈的问题，但这确实是一个最基础的素养，如果一个播音员主持人不具备政治素养，他将无法很好地履行自身的职责，或早或晚会犯下不可挽回的错误，这样的人才培养是失败的。笔者采访了一些知名校友，请他们谈一谈目前播音主持人才培养哪些方面需要加强，大多数人不约而同地认为“政治上要过关”。央视中文国际频道新闻部副主任、《今日关注》《中国新闻》《中国舆论场》主持人王世林在接受采访时表示：“要继续加强对播音员主持人政治意识能力的培养，这是第一位的。在我们上学的时候，这方面强调得比较多，如今受到一些西方思想的影响，很多年轻孩子定位不清晰，其实所谓的言论自由都是相对的。”

2. 责任意识、担当意识

这一必备素养乍看上去似乎跟专业、能力没有太大关系，但却极为重要。在采访中，多位被访者如康辉、王世林、王宁（女）谈到毕业生进入工作岗位做人、做事的问题时，强调只有踏实做事、具备责任心的人才能真正在新闻媒体行业站得稳、走得远，这是与新闻传媒行业的性质紧密相关的。

中国传媒大学播音主持艺术学院在培养人才的时候尤其注重责任意识和担当意识的培养，不管是“辩与论”公开课带领学生们下乡调研，让他们切身感受农村，了解最真实的中国，还是“新闻基本功大赛”，每天早晨的练声直播和不同环节的配合，老师的示范引领，学生的亲身体验，都在润物无声中培养着责任意识和担当意识，这些品质都为后来进入媒体工作做了准备。

3. 基本功

拥有扎实的基本功，是播音与主持艺术专业毕业生必备的技能。

只有具备了这个基础，从业者在展现其他能力时才能锦上添花，否则就成了无源之水、无本之木了。张颂明确提出语言功力指的是语言的功底和能力。一方面，是接收、判别和存储语言信息的能力；另一方面，是发出、深化和驾驭语言信息的能力，二者的核心是语感。[①] 具体来说，语言功力包括理解力、观察力、感受力、反应力、表现力、感染力和调检力这几个方面。康辉在接受笔者采访时表达了对基本功的重视："我们的播音主持教育应该在基本功这个重要基础上做补充，培养具备多种能力的复合人才，除非播音主持艺术学院的专业教育发生方向性的改变。现在没有这种方向性改变，那么基本功这一部分一定要抓住，打扎实了。"

4. 学习能力、创新意识

科学技术飞速发展、知识更新频率加快，仅靠在学校学的知识已远不能适应当下环境，拥有学习能力才能在社会发展的大潮中站稳脚跟。

创新是一个民族进步的灵魂，是一个国家兴旺发达的动力，也是一个人在工作乃至事业上永葆生机和活力的源泉。在采访中，多位受访者表达了学习能力和创新意识的重要性，对播音员主持人来说尤为重要。他们处在新闻传播的最前沿，是排头兵、关键点，如果在这个岗位的人没有学习的动力和创新的精神，那么是无法适应当下瞬息万变的媒体环境的。

随着技术的进步、新媒体的发展，新闻的传播手段、方式也发生了改变。早在 2017 年的"两会"上，就可以看到全身佩戴多种拍摄传播设备的"机器人"，这样新型的拍摄、直播设备，要求播音员主持人不仅

① 张颂. 播音主持艺术论[M]. 北京：中国传媒大学出版社，2009：119.

能够熟练地使用，还要恰当把握在不同媒体平台传播时的态度、语气及交流的方式方法。

“苏联教育学家苏霍姆林斯基认为真正的教育应该是自我教育，斯宾塞也曾说过教师要记住自己需要培养的是一个能够自治的人，而不是一个需要别人来管理的人。”①在播音主持人才培养过程中，不仅要注重专业素质的提升，还要注重培养学生的学习能力和创新意识。学习能力和创新意识不仅指对技术的适应方面，这种能力和意识还涉及工作学习中的方方面面。

二、与时俱进，不断创新教学方式、方法

（一）遵循教学规律，把学生的兴趣点作为工作的切入点

吕叔湘曾经说过：“教育近乎农业生产，绝非工业生产。工业生产是把原料经过设计好的工艺流程，做成合乎标准的成品。农业生产可不然，种下去的种子是有生命的，它们得自己长，人们所能做的是给它们适当的条件，包括温度、湿度、阳光、水分、肥料等，帮助它们好好成长，以期获得好的收成。这就是‘培养’的真正含义，即按照人才成长的规律进行教育，而不是去‘制造’或者‘塑造’。”②

鲁景超也说过：“教育的核心是人才培养，教育质量的高低关键看人才质量。如何提高人才质量？就是按常识办事，也就是按教育活动的规律办教育。”③

当代大学生思想多元、思维活跃、个性张扬、喜欢新鲜事物。如果

---

① 付莉，黄永涛. 浅析学生自主学习能力的培养[J]. 中华少年，2017(7)：269.

② 谢维和. 把握人才培养规律 加快创新型人才培养[N]. 中国教育报，2012-08-07(2).

③ 鲁景超. 回到原点办教育[N]. 人民政协报，2016-3-13(25).

不了解当代大学生的时代特征，对他们的思想动态没有清晰的认识，坚持用老方法、老习惯去教育他们，效果肯定不理想。在2016年“两会”教育界联组会上，鲁景超教授一句“把学生的兴趣点作为工作的切入点”，引发了与会代表委员的强烈共鸣与肯定。实际上，中国传媒大学播音主持艺术学院近年来的各项学生工作都体现了这一特点——“把学生的兴趣点作为工作的切入点”，并取得了显著的成效。不管是将思想政治教育与专业教育完美融合的“辩与论”公开课，还是倡导经典诵读、弘扬传统文化的齐越节，抑或是采用新媒体进行追踪报道并由学生全程参与的“新闻基本功大赛”，都很好地挖掘了学生的兴趣，取得了良好的效果。

因此，播音主持院校人才的培养，首先要遵循教学规律，其次要把握新时代下学生的性格特征、需求方向，了解学生、关心学生，找到学生的兴趣点，并以此为切入点探索人才培养的新路径。

（二）全程育人、全方位育人、全员育人，调动一切积极因素

习近平总书记在2016年高校思想政治工作会议上提出，高校人才培养要“实现全程育人、全方位育人，努力开创我国高等教育事业发展新局面”①。对于播音主持这种需要过硬的政治素质、深厚的语言功力、良好的艺术修养、较强的新闻敏感和传播意识、扎实的文化功底等综合素养的特殊专业来说，全程育人、全方位育人、全员育人是提高学生综合素质和思想品德教育的最佳途径。

首先，这种育人方式可以很好地加强教师之间、师生之间的交流

① 习近平：把思想政治工作贯穿教育教学全过程　开创我国高等教育事业发展新局面.(2016-12-09)[2019-03-07]. http://cpc. people. com. cn/n1/2016/1209/c64094 - 28936173. html.

与沟通,而这种良好的沟通,又会使老师们对学生的了解更加全面立体,在教学中更具针对性,从而提高教书育人的效果。

其次,这种育人方式会形成一个良好的氛围,这种无形的、立体的、全方位的大环境,能让学生在求学期间随时随地受到潜移默化的影响和熏陶,真正达到"随风潜入夜,润物细无声"的效果。

中国传媒大学播音主持艺术学院的"辩与论"公开课很好地践行了这一育人方式,并取得了专业教育和思想政治教育双赢的效果。通过专业教育调动学生学习的热情和积极性,将政协提案引入课堂、下乡调研、权威人士讲座让学生了解国情、民情,了解最基层农民的现状,可谓上了一堂效果极佳的国情教育课、思想政治课。这一成功的经验也将助力其他播音主持院校从实际出发,选择合适的途径和方法,实现全程育人、全方位育人、全员育人。

(三)创新实践教学路径,积极搭建实践教学平台

播音主持专业人才培养的一个重要特点就是注重实践教学,这是由播音主持工作的特性决定的。未来的播音员主持人如果不能有效地将理论、专业知识转化为实践应用,那么毕业后将无法适应快速变化的工作环境。中国传媒大学播音主持艺术学院十分注重学生实践能力的培养,除了丰富多彩的比赛、展演、活动交流外,还分别与中央电视台新闻频道、体育频道,北京人民广播电台,首都图书馆,云南电视台建立校台联动项目,搭建实践教学平台。实践教学平台使大学生在校期间就能亲历一线工作,学习应对各种突发状况。这些宝贵的经历不仅使学生直观感受到实际工作对他们的要求,而且可以有针对性地提高实践能力,实现学校与工作单位的无缝衔接。

播音主持人才培养单位在实际教学过程中,可根据自身特点,不

断创新实践教学路径,积极搭建实践教学平台。

(四)理论与实践协同发展

播音与主持艺术专业是十分注重实践的专业,如果脱离了实践,那么学生就会有一种“纸上得来终觉浅”的遗憾,学到的知识跟真正实践的感受是两回事。但是如果离开了理论的支撑与指引,播音与主持艺术专业势必成为无源之水、无本之木,就会失去发展的方向和目标,迷失在形式多样的实践中。面对日新月异的媒体发展局势、日渐丰富的播音主持实践样态,如何坚持理论与实践的协同发展就显得非常重要。因此,播音主持人才培养一定要实事求是,从实际出发,坚持理论和实践协同发展。

三、有待解决的问题和不足

回顾中国传媒大学播音主持艺术学院几十年的发展历程,学院的一项优良传统就是一直在求变,即不断反省、不断改进。

(一)面对新形势的挑战和压力

新媒体发展以及现在各种新技术和传播方式的改变,所有传媒人和传媒教育工作者都必须思考如何面对并适应新媒体环境(新的传播渠道和新的业务拓展),新媒体下如何有效宣传主流观点,如何让所有的媒体都能够认识到传媒的责任,媒体融合对播音员主持人有什么新的要求和标准,教育工作者从培养人才的角度如何做好准备和相应的调整。随着时代的发展变化,我们培养的播音主持人才,不应该仅仅针对广播电视,也应包括新媒体的、网络的。同时还要有相应的研究成果和教学成果，培养有标志性的人才。

（二）课程体系仍需不断完善

关于课程体系，在早期的播音创作基础、语音发声相对成熟后，拓展到播音主持业务，再拓展到广播播音主持、电视播音主持。现在这些业务又开始融合，广播电视是从播音主持业务里分出来的，最近又把它们融合在一起，按类型分为新闻、综艺、体育，每一个小项再细分，如新闻再细分为民生、时政、财经、文艺体育等。这些新事物的提出是在2014年版本科培养方案出台之后正式确立的，在此之前也在不断摸索。到目前为止，我们已经看到这些课程里面的变化，但是还存在不足，所以新的培养方案的修订还会继续启动。

（三）师资队伍面临挑战

课程体系变了，媒介环境变了，教学内容、教学方法也面临着改变，这方面的改变是最核心的。人不变，理念不变，那么课程就没法改变，质量就无法提高，所以师资队伍建设与更新方面应该是接下来的一个难点。因为它不仅仅是一个行政命令就能解决的问题，还需从教学的研讨、科研、业界调研等角度来推进。

（四）教学质量监控、评价方式有待完善

目前实行的教学质量评价体系比较注重学生评教。另外，负责播音主持艺术学院教学质量监控的教学督导队伍，由于人数不足，导致听课不能覆盖整个教学队伍，且同行之间评价较少。“在日后的工作中，要提高对教学质量评价重要性的认识；不断强化同行评教制度；建立教师自我评价机制，督促教师不断提高自我教学水平；坚持集体备课制度，在共同备课过程中发现问题，集中讨论，群策群力，发挥教学团队等教学基层组织的核心作用，共同提高教师教学水平；客观分析学生评教结果，剔除其中不合理的部分，还原教师真实教学水平，强化教学质量监督队伍建设。”①

（五）语言传播领域的拓展

中国传媒大学播音主持艺术学院在抓播音主持教学核心的同时，还积极向语言传播领域拓展。从内容上来说，口语传播的系列课程已经开设了，但这部分课程还相对比较稚嫩；口语产品如何和实践的应用相结合，尚处于起步和摸索阶段，需要进一步拓展。目前播音主持艺术学院承接了北京市教委面向北京市中小学语文教师语言能力的调查、研究、培养、推广任务，这也是把语言传播作为播音主持之外的拓展新领域的尝试。

（六）拓展播音与主持艺术专业教育的国际化视野

教学跟科研以及整个学院的规划是密不可分的，播音主持艺术学院多年来一直在做的事情就是如何把普通话、诵读艺术向更大范围内推广。诵读艺术的交流展演活动已经相对成熟，如西部展演、港澳台展演、北京市的中山音乐堂的展演等。在此基础上，播音主持艺术学院还尝试在海外推广普通话和朗诵艺术。2016 年在荷兰建立普通话水平培训测试中心，准确名称为中国国家普通话水平测试海外培训测试中心，该测试中心主要开展三方面的业务：一是开展普通话水平测试；二是开展和测试相关的培训；三是开展跟语言、文化有关的文化交流。

① 根据对中国传媒大学播音主持艺术学院副院长李洪岩的采访录音整理。

(七)拓展播音主持研究新领域,共享发展成果

我们还要关注播音主持下一步的教育,怎样进一步关注它的质量,同时如何进一步跟上科技进步发展的态势,跟上习总书记说的五大理念的需求。比如现在对机器主持人播音的研究还极少,对手语主持的培养和研究也还不足。

参考文献

潘懋元. 应用型人才培养的理论与实践[M]. 厦门:厦门大学出版社,2011.

龚怡祖. 论大学人才培养模式[M]. 南京:江苏教育出版社,1999.

魏所康. 培养模式论[M]. 南京:东南大学出版社,2004.

燕良轼. 高等教育心理学[M]. 长沙:湖南大学出版社,2005.

潘懋元. 潘懋元高等教育学文集[M]. 汕头:汕头大学出版社,1997.

刘明浚. 大学教育环境论要[M]. 北京:航空工业出版社 ,1993.

周瑛,李晓萍. 教育学[M]. 沈阳:辽宁大学出版社,2011.

赵玉明. 风范长存:左荧纪念文集[M]. 北京:中国传媒大学出版社,2005.

童兵. 马克思主义新闻思想史稿[M]. 北京:中国人民大学出版社,1989.

陈力丹. 马克思主义新闻观教程[M]. 北京:中国人民大学出版社,2011.

高卫华. 新闻传播学导论[M]. 武汉:武汉大学出版社,2011.

徐通锵. 基础语言学教程[M]. 北京:北京大学出版社,2004.

张颂. 中国播音学[M]. 2 版. 北京:北京广播学院出版社,2003.

姚喜双. 播音学概论[M]. 北京:北京广播学院出版社,1998.

张颂. 播音主持艺术论[M]. 北京:中国传媒大学出版社,2009.

张颂. 播音创作基础[M]. 3 版. 北京:中国传媒大学出版社,2011.

吴为章. 新编普通语言学教程[M]. 北京:北京广播学院出版社,1999.

吴为章. 广播电视话语研究选集[M]. 北京:北京广播学院出版社,1997.

鲁景超. 播音主持语言的文化功能[M]. 北京:中国传媒大学出版社,2016.

鲁景超. 广播电视即兴口语表达[M]. 北京:北京广播学院出版社,2000.

鲁景超. 电视口语传播理论和实践[M]. 北京:中国传媒大学出版社,2012.

胡正荣,黄侃,许一新. 传媒教育模式新探[M]. 北京:中国传媒大学出版社,2007.

姚喜双. 中国解放区新闻播音语言规范[M]. 北京:语文出版社,2007.

姚喜双. 播音风格探[M]. 北京:中国文联出版公司,1992.

齐越. 献给祖国的声音[M]. 北京:中国广播电视出版社,1991.

李洪岩,柴芦径. 广播电视语言传播文化品位及审美趋势研究 [M]. 北京:中国广播影视出版社,2007.

吴郁,曾志华. 播音主持专业人才培养研究[M]. 北京:中国传媒大学出版社,2009.

赵玉明,王福顺. 广播电视辞典[M]. 北京:北京广播学院出版社,1999.

中华全国新闻工作者协会. 学习马克思主义新闻观[M]. 长春:吉林人民出版社,2001.

喻梅. 新中国播音创作简史[M]. 北京:中国传媒大学出版社,2016.

胡芳. 传媒高等教育改革与创新研究[M]. 北京:中国广播电视出版社,2009.

程静. 高校人才培养模式多样化:诠释与对应[M]. 北京:北京工业大学出版社,2003.

张颂. 语言传播文论[M]. 北京:北京广播学院出版社,1999.

张颂. 朗读美学[M]. 北京:北京广播学院出版社,2002.

张颂. 语言传播文论(续集)[M]. 北京:北京广播学院出版社,2002.

贺淑曼,蔺桂瑞. 心理健康与人才发展[M]. 北京:北京工业大学出版社,1997.

莫雷. 教育心理学[M]. 广州:广东高等教育出版社,2002.

张大均. 教育心理学[M]. 北京:人民教育出版社,1999.

彭绪铭. 教育学概论[M]. 北京:中国人民大学出版社,2010.

励雪琴. 教育学是什么[M]. 北京:北京大学出版社,2006.

孙亚峰. 人才培养模式研究[M]. 北京:中国建筑工业出版社,2015.

陈桂生. 教育学的建构[M]. 上海:华东师范大学出版社 ,2009.

中国传媒大学播音主持艺术学院. 播音主持语音与发声[M]. 北京:中国传媒大学出版社,2014.

马玉坤,高峰强. 播音主持心理学教程[M]. 北京:北京大学出版社,2008.

于根元. 播音主持语言研究十篇[M]. 北京:中国经济出版社,2006.

於春. 中国电视节目主持三十年研究(1980—2010)[M]. 北京:中国传媒大学出版社,2013.

周兴国,段兆兵. 课程与教学论[M]. 合肥:中国科学技术大学出版社,2012.

胡庆芳. 优化课堂教学:方法与实践[M]. 北京:中国人民大学出版社,2014.

郑其龙. 论教学规律[M]. 长沙:湖南人民出版社,1981.

王光宇. 教学规律与教学改革[M]. 北京:冶金工业出版社,1989.

李元授,陈扬明. 新闻传播学[M]. 北京:新华出版社,2001.

陈富清. 马克思主义新闻观与广播电视业[M]. 北京:中国广播电视出版社,2002.

张辉,杨楠. 汉语综合课教学法[M]. 北京:北京语言大学出版社,2006.

李尚卫,吴天武. 普通教育学[M]. 北京:北京师范大学出版社,2010.

彭菊华. 新闻学原理[M]. 北京:中国传媒大学出版社 ,2006.

张晓玲. 播音与主持语言创作教程[M]. 重庆:重庆大学出版社,2013.

时延春. 公民政治素质研究[M]. 郑州:郑州大学出版社,2005.

沈鹏飞. 文体播音教程[M]. 杭州:浙江大学出版社,2002.

肖建华. 主持人文化底蕴[M]. 武汉:华中科技大学出版社,2006.

柳邦坤. 当代新闻采访与写作教程[M]. 武汉:武汉大学出版社,2012.

徐光春. 中华人民共和国广播电视简史:1949—2000[M]. 北京:中国广播电视出版社,2003.

刘建明,等. 新闻学概论[M]. 北京:中国传媒大学出版社,2007.

王力. 中国语言学史[M]. 太原:山西人民出版社,1981.

吴郁. 主持人的语言艺术[M]. 北京:北京广播学院出版社,1999.

吴郁. 当代广播电视播音主持[M]. 上海:复旦大学出版社,2005.

萨丕尔. 语言论[M]. 北京:商务印书馆,2007.

海德格尔. 在通向语言的途中[M]. 北京:商务印书馆,2004.

彼得斯. 交流的无奈:传播思想史[M]. 北京:华夏出版社,2003.

迪克. 作为话语的新闻[M]. 北京:华夏出版社,2003.

齐越. 人生在世 事业为重[J]. 中国广播电视学刊,1990(1).

张颂. 语言启蒙行动宣言[J]. 现代传播,2001(6).

张颂. 有声语言训练的起点与归宿:曾致《节目主持技能训练》序[J]. 湖南大众传媒职业技术学院学报,2004(2).

张颂. 关于新闻传播的思考:语言传播杂记之七[J]. 现代传播,1998(4).

鲁景超. 关于播音主持人才培养模式的思考:写给“纪念人民广播播音七十年”[J]. 现代传播,2011(4).

鲁景超. 随风潜入夜 润物细无声:朗读与情操的陶冶[J]. 新华文摘,2010(7).

鲁景超. 传媒变局对播音主持人才培养的影响和要求:基于对中国传媒大学毕业生的问卷与访谈[J]. 现代传播,2016(4).

王有炜. 民族精神在构建和谐社会中的价值功能[J]. 思想教育研究,2006(5).

高玉. 语言本质“道器”论[J]. 四川外语学院学报,2001(2).

文育林. 改革人才培养模式,按学科设置专业[J]. 高等教育研究,1983(2).

苏紫岩. 新媒体环境下主持人媒介素养的适应与提升[J]. 今传媒,2016(8).

韩思雨. 播音主持艺术高等教育人才培养模式研究[J]. 中华少年,2015(25).

刘淑霞. 创设播音主持复合型人才培养模式探析[J]. 祖国,2014(10).

马亚辉. 电视传播中主持人的“把关”行为研究[J]. 魅力中国,2013(28).

关博. 浅谈播音与主持艺术专业复合型人才的培养路径[J]. 新闻研究导刊,2014(18).

郑惠青. 全媒体时代节目主持人品牌化塑造研究[J]. 科技传播,2016(7).

马谛. 校台合作,探索人才培养新模式:创新播音主持人才培养模式研讨会综述[J]. 现代传播,2011(11).

张伟英. 激活中国电视节目主持人品牌的文化产业价值[J]. 辽宁广播电视大学

学报,2015(4).

白虹.高校播音主持专业人才培养模式的新探索[J].新闻传播,2014(4).

陈彩燕.创新与视野:创新人才培养的思考[J].成才之路,2016(16)

王莉琴.基于人才成长的学生良好心理素质培养研究[J].成才之路,2016(2).

水卿梅.浅析大学生心理健康教育现状及对策[J].青年时代,2016(14).

赵盈吟.探索心理健康教育应用型人才的培养模式[J].求知导刊,2016(21).

何艳萍.播音与主持艺术专业小课教学探析[J].文教资料,2014(11).

刘临春.新媒体环境下播音与主持小课创新研究[J].视听,2016(6).

牛换霞.现阶段高校推行“三全育人”的时代解读[J].湖北水利水电职业技术学院学报,2016(4).

付焱.浅析播音主持专业中的实践教学[J].视听,2016(2).

付莉,黄永涛.浅析学生自主学习能力的培养[J].中华少年,2017(7).

戴进.浅析播音主持人应具备的基本功[J].魅力中国,2010(20).

谢维和.把握人才培养规律 加快创新型人才培养[N].中国教育报,2012-08-07(2).

鲁景超.回到原点办教育[N].人民政协报,2016-03-13(25).

附 录

毕业生调查问卷

1. 您最初的就业意向是?

A. 电台

B. 电视台

C. 高校

D. 新媒体

E. 创业、其他

2. 您在学校获得的哪些方面成为工作中最大的优势?

A. 专业能力

B. 思维方式

C. 学习方法

D. 社交能力

E. 知识储备

F. 其他

3. 新媒体出现之前您从事的工作领域是?

A. 广播

B. 电视

C. 事业单位

D. 纸质媒体

E. 创业

F. 公务员

G. 其他

4. 当下新媒体蓬勃发展,您周围是否有人转换工作领域?

A. 个别

B. 一些

C. 较多

D. 很多

E. 没有

5. 近期您是否想过尝试其他工作领域?

A. 没想过

B. 有一点

C. 想过

D. 非常想

E. 已经行动

6. 如果转换工作领域,您考虑的主要因素是?

A. 薪资待遇

B. 发展空间

C. 行业前景

D. 个人追求

E. 顺应潮流

7. 您觉得新媒体的行业前景如何?

A. 不关心

B. 有点看好

C. 非常看好

D. 不太看好

E. 完全不看好

8. 在新媒体时代,您的固有知识、技能储备在工作中最大的缺陷是?

A. 思维定式

B. 业务革新能力

C. 技术盲

D. 不了解受众需求

9. 您认为新媒体对传统媒体的冲击程度是怎样的?

A. 没有

B. 较少

C. 一些

D. 很大

E. 完全取代

10. 您认为这种冲击对您个人的职业规划有影响吗?

A. 较少

B. 一些

C. 很大

D. 没有

E. 完全颠覆

11. 面对新媒体时代的来临,您会如何应对?

A. 保持原有状态

B. 补足缺陷

C. 换工作

D. 其他

12. 您对近期部分传统媒体人的离职现象有何看法？

A. 不关心

B. 不明智

C. 可以理解

D. 支持

E. 我也想这么干

应届毕业生毕业前调查

1. 您的性别？

A. 男

B. 女

2. 您的学历层次？

A. 本科生

B. 研究生

3. 您正在实习或工作的单位是？

A. 广播

B. 电视台

C. 高校

D. 新媒体

E. 创业

F. 其他

G. 无

4. 您毕业后的就业意向是？

A. 电台

B. 电视台

C. 高校

D. 新媒体

E. 创业

F. 其他

5. 您在学校获得的哪些方面可以在将来工作中发挥到最大优势？

A. 专业能力

B. 思维方式

C. 学习方法

D. 社交能力

E. 知识储备

F. 其他

6. 您选择意向求职领域的主要因素是？

A. 薪资待遇

B. 发展空间

C. 行业前景

D. 个人追求

E. 顺应潮流

7. 您平时更多关注电视节目还是网络新媒体节目？

A. 电视节目

B. 网络新媒体节目

C. 都比较关注

D. 不太看好

E. 都不怎么关注

8. 您觉得新媒体的行业前景如何？

A. 完全不看好

B. 不太看好

C. 不关心

D. 有点看好

E. 非常看好

9. 您认为新媒体对传统媒体的冲击程度怎样？

A. 没有

B. 较少

C. 一些

D. 很大

E. 完全取代

10. 您认为这种冲击对您个人的职业规划有影响吗？

A. 没有

B. 较少

C. 一些

D. 很大

E. 完全颠覆

11. 您会用新媒体手段自己录制或参与节目吗？

A. 经常使用和参与

B. 偶尔使用和参与

C. 基本只是参与节目

D. 不怎么用

12. 您对近期传统媒体人的离职现象有何看法？

A. 不明智

B. 不关心

C. 可以理解

D. 支持

13. 根据您对当下传媒行业的了解或实践经验，希望现在教学工作中补充哪些内容？

图书在版编目(CIP)数据

播音主持人才培养模式研究 / 王文艳著. --北京:中国传媒大学出版社, 2021.10
ISBN 978-7-5657-2903-4

Ⅰ. ①播… Ⅱ. ①王… Ⅲ. ①播音员—人才培养—培养模式—研究—中国 ②主持人—人才培养—培养模式—研究—中国 Ⅳ. ①G222.2

中国版本图书馆 CIP 数据核字(2021)第 044630 号

播音主持人才培养模式研究

BOYIN ZHUCHI RENCAI PEIYANG MOSHI YANJIU

著　　者	王文艳		
策划编辑	李水仙		
责任编辑	李水仙		
封面设计	拓美设计		
责任印制	李志鹏		
出版发行	中国传媒大学出版社		
社　　址	北京市朝阳区定福庄东街 1 号	**邮　　编**	100024
电　　话	86-10-65450528　65450532	**传　　真**	65779405
网　　址	http://cucp.cuc.edu.cn		
经　　销	全国新华书店		
印　　刷	唐山玺诚印务有限公司		
开　　本	710mm×1000mm　1/16		
印　　张	12.25		
字　　数	153 千字		
版　　次	2021 年 10 月第 1 版		
印　　次	2021 年 10 月第 1 次印刷		
书　　号	ISBN 978-7-5657-2903-4/G·2903	**定　　价**	59.00 元

本社法律顾问:北京李伟斌律师事务所　郭建平